황금 인생

황금 인생

초판 1쇄 발행 2025년 4월 21일

지은이 박종섭
펴낸이 장길수
펴낸곳 지식과감성⁺
출판등록 제2012-000081호

교정 이주연
디자인 강샛별
편집 강샛별
검수 주경민, 이현
마케팅 김윤길

주소 서울시 금천구 벚꽃로298 대륭포스트타워6차 1212호
전화 070-4651-3730~4
팩스 070-4325-7006
이메일 ksbookup@naver.com
홈페이지 www.knsbookup.com

ISBN 979-11-392-2537-2(03810)
값 12,000원

- 이 책의 판권은 지은이에게 있습니다.
- 이 책 내용의 전부 또는 일부를 재사용하려면 반드시 지은이의 서면 동의를 받아야 합니다.
- 잘못된 책은 구입하신 곳에서 바꾸어 드립니다.

지식과감성⁺
홈페이지 바로가기

黃金
황금 인생
박종섭 수필집

人生

목차

숨은 영웅	12
전쟁 중에 피어난 기적	13
참전 용사들을 위해 하고 있는 일	15
11월 고향 풍경	16
겨울 음식	18
겨울 음식과 얽힌 경험담	19
선물 때문에 생긴 일	20
세시 풍속	22
내 고향의 봄 풍경	24
직업	26
내 첫 입학	29
후회했던 순간들	30
그 시절 먹거리	31
그 시절 놀이	33
그 시절 전염병	34
그 시절 영화	35
세탁기가 생기면서 사라진 물건	36

선택	37
지울 수 없는 사람	39
무모한 계획	42
꽃놀이	44
분노 폭발	46
황당한 편지	48
유행 아이템!	50
핫 플레이스!	51
받고 싶은 복	53
기차 지붕 위에서	56
졸업식 뒤풀이	58
처음 철든 날	60
내 단짝 친구	63
나를 울린 친구	65
보약 같은 친구	67
전국노래자랑	69
설레게 했던 사랑	70
대가를 치렀던 경험담	72
크리스마스의 악몽!	74
수학여행	76
가족 위한 희생	77
뒤통수쳤던 이야기	78
내 인생의 사건 사고	80

야간 통행금지 시절	81
아날로그 시절 연락망!	83
인생사 새옹지마	85
신의 한 수	87
기적의 순간	89
꽃 같았던 시절	90
내 인생 우상	92
이겨 낸 겨울 추위	94
눈이 좋아	96
눈이 원수야	98
걷어찬 복	100
첫 번째 숙직	102
이것은 실화다	104
그때 그 시절	106
나도 스타다!	109
겨울 건강	111
장난으로 시작한 거짓말	113
하얀 거짓말	115
이제는 말할 수 있다!	117
잊을 수 없는 나의 제자	119
교장 선생님께	121
집단 휴가	122
도시락의 추억	124

기상천외 도시락	126
꼭 먹고 싶은 도시락	128
끝 사랑	130
사투리 열전	132
뒤통수 맞았던 일	133
외모 가꾸려다	135
생활비 절약	137
속은 선택	138
망신살!	139
이런 척까지	141
보물찾기의 추억	142
아는 척	143
말실수하는 바람에…	144
꼰대 골탕 먹이기!	146
사진	148
리마인드 사진	150
돌잔치	151
층간 소음	153
지우고 싶은 기억	156
이사 시 있는 일	158
인생을 바꾼 선택	160
부모님 & 자식이 고마웠던 순간	162
서운했던 순간	164

왜 이래	166
화를 부르는 나	168
화를 다스리는 방법	170
어머니의 손맛	171
여행 후유증	173
이별 후유증	175
연애 방법!	177
공포 이야기	179
시작은 있다	182
늦바람	184
나를 유혹하는 한마디	185
귀성 전쟁	187
귀성길 예매 전쟁	189
첫 번째 내 집	191
사랑과 전쟁	193
뼈아픈 실패	195
결정 장애	196
스피드 중독!	198
척 보면 안다	199
나의 척척척!	201
내 자식 맞아?	202
나를 힘들게 한 스트레스	203
내 인생의 특종 사진	205

첫 손자	206
대단한 계획	208
평생 계획	209
우리 집 냉장고	210
사고 후유증	211
최고의 그날	213
최악의 날	216
1월 1일에 생긴 일	218
굴러 들어온 복	220
인생 시험	221
올해는	223
부모님 생각	224
철들기 싫어요	225
'뿔'나게 하는 세상	227
휴가, 나만의 방법	230
나의 인생 휴가	231
"음매, 기죽어."	232
"음매, 기 살아."	234
꼰대	235
끝까지 간다	237
징크스	239
쓸데없는 걱정	240
집착도 병?!	241

예절 지키기	242
물건 살까 말까	244
매력적인 나의 외모!	245
싫어하는 한 가지!	247
나만의 스트레스 해소법	249
절약만이 살길	250
소비의 기술	251
50년 전의 나에게	252
딱 하루	254
황금 인생	255

숨은 영웅

　우리 동네에서 유일하게 아버지 혼자 6.25 전쟁 시 국군으로 전쟁에 참전하셔서 1955년 제대할 당시까지 우여곡절이 많았다. 인민군이 낙동강까지 진출하며 전 국토가 공산 치하에 있을 때 우리 동네도 공산 동조자들이 설치고 국군으로 아들이 전쟁에 나갔다고 할아버지는 많은 괴로움을 당했다고 한다. 당시 주산 지서에 근무하다 지하로 잠적한 김갑철 씨라는 분이 할아버지께 경찰 가족이나 국군 가족은 언제든지 죽을 수 있으니 유사시 대피할 수 있는 땅굴을 파 놓으라고 하셨단다. 집 뒤꼍에 있는 대나무밭에 땅굴을 파고 또 급한 경우를 대비해서 대청마루 밑에 큰 구덩이를 파서 마룻장을 들고 바로 숨을 수 있도록 하였다. 실제로 전쟁 중 갑자기 들이닥친 북한 동조자들 때문에 땅굴에 숨는 일이 다반사였다. 북괴군 패잔병들이 도망가면서 경찰 가족이나 국군 참전 용사네 집을 찾으면 김갑철 씨로부터 주산면에 있는 경찰 가족이나 국군 가족을 없애라는 지령이 북한 동조자나 빨치산에 의거 하달되었다고 연락이 와 우리 가족이 모두 피신하고 숨어서 무사했다. 그분이 없었다면 우리 가족은 아마 지금 살아 있지 못했을 것이다.

전쟁 중에 피어난 기적

　1950년 6.25 전쟁이 나고 1951년부터 피난민이 오기 시작했다. 우리 집도 피난민이 아래채에 두 가족, 헛간에 한 가족이 와서 같이 기거하게 되었다. 서로 없이 살고 또 전쟁 중이라 아래채 아주머니께 는 도움을 많이 받았는데 우리 집 누나와 나랑 나이가 같은 친삼촌 둘 그리고 아래채에 피난 온 집 아이가 둘 그렇게 여섯이 같이 어울리며 살았다. 할아버지는 자주 집에 안 계셔서 아래채 아주머니가 우리 여섯을 돌봐 주셨는데 자기 자식들보다 나와 누나를 더 살펴 주셨다. 어머니가 21살인데 시집살이 불쌍하다며 많이 위로해 주시고, 아버지 전사 통지서가 와서 집안이 어려울 때 집안 살림도 해 주셨다. 우리 여섯이 홍역에 걸려 삼촌 둘과 아래채 아이까지 셋이 잘못되어 그야말로 줄초상이 난 적이 있다. 자식 둘 잃은 할머니는 식음을 전폐하고 어머니도 기운을 못 차리는데, 아래채 아주머니가 우리 둘을 잘 돌봐 주시고 그때까지 이름도 없던 나를 자기 죽은 아들 이름이라서 명 길게 살라며 쇠북 종(鐘)에 화할 섭(燮)으로 지어 주셨다. 얼마 안 되는 같이 사는 생활이었지만 어머니께서는 친정어머니보다 더 잘 보살펴 주셨다고 고마워하셨다. 하지만 전쟁이 끝나고 만날 수가 없었다. 누나와 나도 우리 가족도 이름도 기억나지 않는 분이지만 지금 살아 있는 것이 그분 덕이라 생각할 때가 많다.

참전 용사들을 위해 하고 있는 일

아버지가 6.25 전쟁 때 참전하셔서 아버지 나이와 비슷한 분들을 길거리에서 보면 인사를 드리고 6.25 전쟁에 참전하셨나 여쭈어 보곤 한다. 참전하셨다고 하면 아버지 전쟁 후기에 나온 전투 장소를 외고 있어 이야기를 나눴다. 특히 전투 이야기를 하면 어떻게 그런 사실을 알았냐고 하시며 끝없이 전쟁 이야기를 들려주셨다. 보현산전투, 신리전투, 안강전투, 자양전투, 가칠봉전투, 영천봉화전투, 구장희천전투 등 지금까지 베트남 참전 용사들과 많이 만나 이야기를 들었다. 6.25 전쟁 참전 용사도 수영장에서 두 분, 길거리에서 한 분, 안양시 재향 군인회에서 몇 분 인사드리고, 말씀 듣고, 아버지 수기도 말씀드렸다. 그런데 6.25 전쟁 참전하신 분들은 다 건강에도 어려움이 있고 경제적으로도 풍족하지 못한 생활을 하셨다. 정부 지원이 더 요구된다고 말씀하셨다.

11월 고향 풍경

　우리 고장 전북 부안은 순수한 농촌 지대라 가을 추수가 끝나면 겨울 준비에 바빴다. 우선 그때는 난방이 문제라 어린아이 포함해 일을 할 수 있는 모든 사람은 모두 나서서 겨울 준비를 해야 한다. 우리 집도 나를 포함 할아버지 이하 아버지, 어머니, 누나 모두 각자 맡은 일을 했다. 할아버지, 아버지는 짚낟가리를 마당이나 논에 눌러 놓고 새벽부터 변산으로 땔나무하러 떠나고, 힘이 부친 할머니, 어머니는 야산에 가서 갈퀴나무나 솔가지를 해 오고, 캔 고구마 둥가리를 겨울 먹거리 때문에 방에 수숫대로 만들어 저장해 놓았다. 그러면 누나와 나는 살금살금 겨우내 고구마를 씻지도 않고 먹었다. 또 정미소는 놀 틈 없이 바쁜데 누나는 왕겨를 담고 나는 쌀겨를 담아 가마니에 가득 채웠다. 왕겨는 또 깻대와 함께 풍구에 불을 붙여 부엌의 물도 끓이는데, 불을 때다 누나가 한 번 내가 두 번 불을 내기도 했다. 그리고 한가해지면 날씨 따뜻한 날을 가려 콩을 삶아 메주를 만들어 띄우는데 처음에는 처마 밑에 매달았다가 추워지면 방 시렁에 매달아 놓았다. 중2 때 누워서 심심풀이로 축구를 하다 매달아 놓은 짚

매듭이 풀리면서 명치에 맞은 적이 있다. 죽는 소리를 내자 아버지가 뛰어오셔서 간신히 살려 놓았다. 지금도 시장을 가다 메주만 보면 겁이 더럭 난다. 가난하고 어려웠던 그때의 11월은 낭만을 찾아 보기 어려웠고 가난에서 벗어나려 몸부림치던 때였다.

겨울 음식

　겨울이 되면 사람들이 게을러지기 쉽고 일하기도 싫고 나태해지고 의욕이 많이 없어진다. 또 입맛도 없어져 세끼 중 한두 끼로 때우거나 간편식을 많이 찾게 된다. 특히 혼자 밥 먹는 사람들은 굶기 일쑤여서 내가 아는 교장 출신 퇴직자는 아내가 매일 출근하니 몇 년 전 겨울에 굶다시피 하다 눈이 먼 경우도 있었다고 한다. 겨울은 영양 보충을 잘해야 하는 계절이다. 그래서 나의 보양식은 겨울에 딱 한 가지다. 내가 밀가루 음식을 좋아하는 탓도 있지만, 내가 잘 만들고 만들기 쉬운 음식이라 겨울철에는 우리 집 특식으로 가끔 해 먹는 그 이름도 거창한 뜨더기 김칫국이다. 묵은 김치를 넣고 김치찌개를 끓이다 잘 치댄 밀가루 반죽을 뚝뚝 김치찌개에 떼어 넣고 한소끔 끓여서 먹으면 둘이 먹다 하나가 죽어도 모를 맛이다. 거기서 더 업그레이드된 음식으로 칼국수면을 넣어도 되고, 소면를 넣어도 되고, 라면을 넣어도 되는데 짜지 않게 김칫국으로 간을 잘 맞추어야 한다. 뜨더기 김칫국은 우리 집의 겨울철 보양식이다.

겨울 음식과 얽힌 경험담

　1950년 6.25 전쟁에 살아남은 49년생들은 혹독한 소년기를 거쳤다. 죽지 않고 살아 있는 것만 해도 기적인데 내 어린 시절은 너무 배가 고파 매일 울다시피 했다. 할아버지 일 가시는 다른 집으로 밥 얻어먹으러 다니고 잔칫집만 있으면 온종일 그 집에서 살았다. 특히 겨울은 하루 두 끼나 한 끼만 먹는데 그중 가장 먹기 싫었던 밥이 무밥이다. 지금 무는 크고 달고 맛있지만, 그 당시는 작고 맵고 질겼다. 그래서 보리밥에 무를 많이 넣고 무밥을 하는데 거의 밥이 아니라 삶은 무다. 밥이 많은 쪽은 어른들한테 드리고 어린애와 여자들은 무만 있는 밥을 먹었는데 겨울철에는 김장하고 남은 작고 볼품없는 무를 구덩이에 몽땅 넣어 놓았다가 매일 저녁에는 쌀이 귀하니까 무밥을 먹었다. 그때 그 무밥을 안 먹는다고 울었던 기억이 새롭다. 또 배추꼬랑이를 넣으면 조금 나았다. 지금은 무 조금 넣고 쌀밥에 참기름 넣어 비비면 참 맛있는데 그때 힘들었던 기억으로 지금 나는 보리밥도 안 먹고 무밥은 절대 안 먹는다.

선물 때문에 생긴 일

크리스마스가 돌아오면 1955년도가 생각난다. 그때는 교회도 없고 7km 떨어진 부안읍에 성당이 하나 있을 때인데 동네 형들이 크리스마스 전날 저녁에 성당에 가면 맛있는 과자를 많이 준다고 알려 줬다. 동네 친구 2명을 꼬셔서 해 질 무렵에 7km나 되는 거리를 걸어서 성당에 갔는데 아직 시작을 안 했는지 사람들도 별로 없고 아주머니들이 동그랗고 납작한 떡 같은 걸 만들고 있었다. 좀 달라고 했더니 안 된다고 미사 할 때 신부님이 쓰는 것이라고 하며 조금 있으면 사탕을 나눠 줄 테니 기다리라고 했다. 날은 깜깜해지고 어두워지는데 갈 길이 막막하여 우리는 멀리서 왔으니 빨리 달라고 하자 외국 신부님이 시끄러운 소리에 나오셨다. 어디서 왔냐고 하기에 홍해에서 왔다고 했다. 추운데 양말도 안 신고 왔구나 하시면서 다른 사람에게 양말과 선물 사탕도 가져오라고 하셨다. 성당에 누구 때문에 왔냐고 물어서 사탕을 준다기에 왔다고 대답했더니 빙그레 웃으며 가져온 봉지를 하나씩 나눠 주셨다. 그 속에는 캐러멜(그때는 미룩구라고 불렀다)과 초콜릿, 햄, 사탕이 들어 있었는데 나는 처음 보는 것들이라 신나게 양말을 신지 않고 목에 건 채 노래를 불렀다. 집으로 돌아가면서 하나씩 먹어 보는데 세상에 그렇게 맛있는 것도 있구나 하는 생각으로 초콜릿을 하나 입에 넣고 누가 오래 먹나 내기를 했다. 1시간이 넘게 밖에 있다 집에 오니 집에서는 또 누구한테 잡혀 갔나 하고 찾아다니고 난리가 나 있었다. 처음으로 크리스마스 선물을 받아 본 기억이며 생전 처음 먹어 본 초콜릿과 햄의 맛은 지금까지도 기억에 남아 있다.

세시 풍속

우리 고장에서는 설 전날인 음력 섣달그믐날 밤 사람이 잠든 사이에 '야광귀(夜光鬼)'라는 귀신이 집으로 들어와 주로 아이들의 신발을 훔쳐간다는 속설이 있었다. 야광귀는 신발을 신어 보고 맞으면 신고 가 버리는데, 신발을 잃어버린 사람은 그해 운이 좋지 않다고 여겼다. 그래서 신발을 잃어버리지 않기 위해 방 안에 들여놓기도 했다. 또 대문에 체를 걸어 두기도 했는데 이는 야광귀가 체의 구멍을 세다가 잘못 세기를 반복해 새벽닭이 울어 물러간다는 것이다. 설 전날 밤에 집 안에 불을 밝히고 잠을 자지 않는 '수세'를 해도 야광귀를 막는 효과가 있다. 그래서 섣달그믐날 밤에는 꼭 아이들 신발을 방 안에 들여놓았고 다른 마을로 가는 신발 별동대를 조직해 신발을 훔치러 갔다. 주로 중학교 다니는 형들 몇과 5, 6학년 날쌘돌이 몇 명이 합심해서 이웃 마을인 백석마을과 앞마을인 신흥마을로 신발 훔치기 원정대를 갔다. 어려움이 한두 가지가 아니었다. 나는 5학년 때부터 신발 훔치기 원정대에 들어갔다. 그런데 그 당시 집집에 개들이 너무 많아 마을 입구에 들어서면서부터 그 마을의 온 개들이 짖기 시작하면 한두 집에서 사람들이 밖으로 나와 봤다. 또 대개는 어린이들 신발을 감추어 버려서 신발을 훔쳐 나오기 어려웠다. 가끔 멀리 떨어져 있는 오두막집은 개가 있지만 가지고 간 비상용 오징어 다리를 던져 주면 조용해지는데 그때 어린이 신발 한 짝을 훔쳐 나왔다. 대개는 외딴집은 어린이가 없는 집이 많았고 또 그 동네 신발 원정대와 마주치면 싸우거나 수가 부족하면 훔쳐 온 신발을 빼앗기기도 했다. 우여곡절이 많지만, 다음 날 보면 우리 마을에서도 신발을 잃어버린 어린이가 짝짝이 신을 신고 다니는 일이 있었다. 정초부터 엿장수가 다녀 훔친 신발로 엿을 사서 먹곤 했는데 다행히 나는 할아버지께서 섣달그믐날이면 꼭 신발을 감춰 주셨고 또 잠귀가 밝아 동네에서 소리만 나면 작대기를 들고 뛰어나가 우리 집에서는 신발을 잃어버린 일이 한 번도 없었다. 신발 잃어버린 것도 명절의 액땜이라 생각하고 기분 나빠하지 않은 그때 그 시절의 풍습이었다.

내 고향의 봄 풍경

　내 고향 부안은 전국에서도 명승지로 알아주는 변산반도가 있다. 부안 변산반도는 60~70년대에 우리나라에서 가장 아름다운 고장 1위를 하였으며 강과 산, 평야가 어우러져 한 폭의 그림 같은 고장이다. 지금도 국립 공원으로 전국에 명성을 떨치고 있다. 특히 내변산의 아름다운 모습은 봄이 되면 더욱 빛을 발한다. 직소폭포에서 흐르는 물은 부안댐이 전국에서 가장 수질이 좋은 1급수의 물을 부안 고창에 공급하고 있으며 개울마다 1급수에 사는 부안 기름종개, 버들치, 피라미 등 물고기들이 풍부하다. 내소사의 봄은 전나무 숲을 지나면 벚꽃이 등장한다. 또 곳곳에 산수유나무가 노란 자태를 드러내고 청련암으로 오르는 길은 복수초와 보춘화, 노루귀가 곳곳에 자태를 드러내어 봄을 만끽하고 있다. 특히 변산 바람꽃은 봄을 알리는 전령사이다. 전북에서도 가장 빨리 피는 봄꽃을 보고 카메라에 담기 위해 전국 각지에서 많은 사람이 내변산을 답사하며 변산 마실길은 수만 답사객들이 찾는 명소가 되었다. 부안의 봄축제는 개암동 벚꽃축제에서 시작되는데 부안댐과 곳곳의 학교 및 가로수가 벚꽃으로 장식되어 바다와 강과 평야를 아우르는 봄의 축제 현장이 바로 내 고향 부안이다. 어디를 가나 꽃으로 어우러져 있고 바다와 산이 완벽한 조화를 이루어 천하의 명승지로 손꼽히는데 그중 변산의 3대 보물은 변청(변산꿀), 변란(변산의 난초), 변송(변산의 소나무)을 꼽는다. 변산 난초(보춘화)는 우리나라 난초 애호가들이 가장 귀하게 여기는 한국 고유 명품이다. 그리고 변산 해안도와 적벽강, 채석강은 과히 한국의 드라이브 도로로 이름나 있으며 곰소에서 출발하는 위도는 우리나라 섬 중 때 묻지 않는 자연환경의 섬이며 봄꽃으로 어우러진 낚시의 천국이다.

직업

내가 살면서 가장 어려운 직업이라고 꼽는 게 지금은 둘 다 없어졌지만, 50~60년대의 지게꾼과 푸세식 똥(변)퍼꾼이라는 직업이다. 똥이라면 불결하다는 선입견 때문일까. 모두 말하기를 꺼리지만 똥 꿈을 꾼 사람은 대다수 복권에 당첨되었고 우리는 일상에서 먹고 싸면서 순환하는 의미를 부여하듯 원활한 신진대사의 하나로 식음과 배설은 필연적 과정이다. 음식의 먹는 가치에 따라 싸는 똥의 중요성도 무시할 수 없다. 1966년 서울에 올라와서 가장 생소한 것이 여러 가지 밖에서 나는 소리였다. "퍼--(똥)." 하는 소리, "비어갯속(베갯속)." 하는 소리, "채거니나 도전(채권이나 동전) 삽니다." 등 몇 달 동안은 그 정체를 파악하지 못하고 도대체 저 소리가 무슨 장사를 말하는 것인지 몰랐다. 어느 날 같은 동네 어르신께 물어보았더니 '퍼'는 시골에서 올라온 사람이 부끄러워 '똥 퍼' 소리를 못 하고 '퍼' 하고 똥 푸라는 소리고, '비어갯속'은 베갯속 넣을 재료를 파는 사람이고, '채거니나 도전'은 '채권이나 동전'을 산다는 장사꾼이었다. 그 당시 학교를 거의 아르바이트로 다니던 때라 구두닦이, 신문 배달, 극장 조수,

얼음과자 장사 등으로 학비와 숙식비를 해결하던 때였다. 처음 홍제동 산꼭대기에서 살다 학교가 가까운 제기동 판자촌으로 주거를 옮겨 살았는데 가장 어려운 것이 판잣집 셋방이 80cm 폭에 길이가 20m쯤 골목으로 들어가는데 그 안에 세 집과 내가 사는 방이 한 칸 있었다. 벽 사이에 화장실이 한군데 있어 아침이면 도무지 변소 번호를 탈 수가 없을 뿐더러 사람이 많아서 그런지 금방 넘쳐 제일 막내인 나더러 퍼꾼을 불러오라고 시켰다. 퍼꾼들은 그런 곳의 변소는 돈을 더 주어도 절대 오지 않아 결국 철모로 바가지를 만들어 질통에 퍼 담아 골목 밖으로 날라 주어야 퍼꾼들이 돈을 더 받고 오는 상황이었다. 결국 골목 막내인 내가 그 일을 담당하는 수밖에 없었다. 또 퍼꾼들은 고급 주택가만 돌아다니며 돈을 더 벌려 하지 빈민촌은 절대 오지 않아 결국 비가 오는 날 넘치는 오물을 질통에 담아 개울에 버리는 일도 있었다. 60년대 가장 불편한 일이 바로 화장실 오물 처리였다. 지게 퍼꾼 뒤로 바로 손수레 퍼꾼이 나타나고, 80년도에 아파트와 같이 똥퍼차가 생기면서 지게 퍼꾼과 손수레 똥퍼꾼이 사라졌다. 우리 고향에서 밭 가장자리에 똥통이 방죽처럼 크게 파 놓은 집은 주인이 부자였다. 사람들이 그분의 밭에서 봄과 여름을 보내며 일꾼으로 땀을 흘리는 만큼 생활의 터전이었다. 동네 변소에서 똥지게 진 퍼꾼이 똥을 퍼다 똥통에 모은다. 비료가 없던 시절에 모아 둔 똥이 농작물의 훌륭한 거름이기 때문이다. 봄이면 파종한 밭마다 분뇨가 질펀하게 깔려 구린내가 진동하지만, 콩, 팥, 깨, 수수 등 작물은 무럭무럭 잘도 자란다. 채소밭에도 똥은 훌륭한 거름이다. 호박 구덩이에 호박씨를 심고 질펀한 똥 무더기를 깔아 두면 어느새 호박 넝쿨이 뻗어 나고 노란 호박꽃이 피면 벌, 나비들이 끊임없이 찾아와 토실한 호박이 열렸고 열매는 무럭무럭 잘도 자랐다. 또 옛날에는 강아지도 똥으로 키웠다. 직업으로 똥을 치우는 분은 천성이 근면하고 성실하며 직업에 대한 부끄러움을 모르고 똥 퍼서 모은 돈은 거의 은행에 예금하는데, 마침 잠실 지역 토지 구획 정리가 진행되는 시기에 예금과 대출금을 합해 대지를 분양받았는데 그로 인해 재벌이 된 예도 있다. 실제 우리나라 발전은 똥퍼꾼이 일조한 것도 있다.

내 첫 입학

◆◆◆

9살이 되어 초등학교에 입학하게 되었다. 며칠 전부터 학교 간다고 들떠서 잠도 잘 못 자고 책보자기나 신발 떨어진 것도 잘 꿰매고 옷도 잘 빨아서 준비를 단단히 했다. 할아버지 손을 잡고 동네 친구들 12명과 같이 6km가 넘는 학교에 입학하러 갔다. 그때만 해도 입학생이 한 학년당 400명 정도가 되어 대개 학년당 5~6개 학급이 편성되었다. 반편성이 시작되어 한 사람 한 사람 이름을 불러 몇 반이라고 말하는데 내 이름 박종섭을 크게 부르기에 연습한 대로 "네." 하고 달려 나갔다. 그런데 공교롭게도 키 작은 박종섭이라는 동명의 어린이가 또 있었다. 나는 키도 크고 내 이름이기에 내가 박종섭이라고 했더니 "너 아니야."라고 하기에 울음을 터뜨리고 그 자리에 앉아 떼를 쓰기 시작했다. 다음에 부를 거라며 할아버지가 오셔서 다시 기다렸다. 종섭이라는 이름을 크게 부르기에 또 달려 나갔는데 이번에는 김종섭을 부른 것이었다. 아까보다 더 크게 울면서 눈치코치 없이 떼쓰기 시작하자 선생님 여럿이 와서 달래 주었다. 그러나 좀처럼 울음을 그치지 않자 할아버지께서 오셔서 선생님들께 야단을 하시며 우리 손자는 몇 반이냐고 물으셨다. 내 첫 입학은 울음과 떼쓰기로 망쳐졌다.

후회했던 순간들

　할아버지는 옛날 동전을 궤짝에 많이 모아 놓으셨다. 그런데 내가 어렸을 적에는 놀이할 만한 것들이 없어서 구슬치기, 동전치기, 제기차기 등을 했는데 그 엽전이 동전치기와 제기차기 하는 데 요긴하게 쓰였다. 할아버지께서 다락에 모아 놓은 궤짝을 열고 조금씩 내다가 친구들에게 주거나 제기차기, 동전치기에 모두 사용하여 중학교 들어갈 때에는 궤짝이 텅텅 비고 말았다. 나중에 할아버지께서 아시고 어떻게 모은 동전인데 그렇게 다 없애 버렸니 하시며 꾸중을 많이 들었다. 지금 생각해도 정말 값어치 나가는 동전이 많았는데 아쉬움이 많다.

그 시절 먹거리

◆◆◆

 60년대 후반은 호떡 장사나 풀빵 장사 또는 호떡 같은 먹거리가 있었다. 하루는 친구와 안 먹어 본 것 실컷 먹자고 수구레 파는 포장마차에 들러 수구레를 시키고 술도 한잔하며 이야기를 나눴다. 말만 들었지 수구레가 그렇게 맛있는지 몰랐는데 쫄깃하고 입에 착 달라붙으며 소고기보다 몇 배는 맛있었다. 실제 좀 질기다는 느낌은 있었지만 양껏 먹자고 몇 번이나 더 시켜서 먹었다. 문제는 그다음 날에 생겼다. 배가 아파서 종일 화장실에 들락거리다 친구에게 연락하니 친구도 배가 아파 약국에서 약을 사다 먹고 누워 있으며 계속 화장실을 들락거린다고 했다. 그 뒤 수구레는 먹지 않고 있었는데 방송에서 수구레가 구두 만들고 남은 가죽을 가지고 염산에 담갔다가 부드러워지면 그걸 요리해서 판다는 것이었다. 그 뒤 수구레 판 포장마차를 찾았지만 찾을 수가 없었다.
 보리밥에 질리고 라면에 질려서 지금도 보리밥과 라면을 잘 안 먹지만 내가 어렸을 때 더 먹기 싫어했던 것이 바로 풀때죽과 생켜죽이었다.

풀때죽만 나오면 안 먹는다고 울었으며 밥 달라고 떼쓰던 기억이 생생하다. 그때는 6.25 전쟁 후라 부모님도 어린 자식이 그럴 때는 안타까운 마음이었을 것이다. 풀때죽보다 더한 것이 생켜죽이었다. 생켜죽은 소나무 껍질을 벗기고 빨간 속살이 나오면 그걸 긁어다 절구통에 넣고 절구로 찌어서 보리쌀이나 쌀을 조금 넣고 죽을 끓여 먹는 것이다. 떫고 짜고 시고 정말 못 먹을 정도로 송진 냄새가 나 구역질이 났지만 배고프니 억지로 먹을 수밖에 없었다. 그걸 먹어도 금세 또 배고팠다. 풀때죽은 배급받은 밀가루에 물을 많이 붓고 조금 풀어서 죽을 쑤어 먹는 것인데 이것도 한 그릇을 먹어도 금방 배가 고파 왔다.

그 시절 놀이

50년대 놀이는 자치기, 오징어 놀이, 깡통 차기 등이 있었는데 우리는 학교 가는 길에 주로 하는 놀이가 질경이 싸움이었다. 질경이 씨 나오는 대를 뽑아 서로 마주대고 자르기인데 진 사람은 이긴 사람의 책보를 들고 가야 했다. 전부 다 질 경우는 열 사람의 책보를 가지고 가야 하는 일도 생기는데 그것도 요령이 있다. 질경이 대를 뽑아서 싸울 곳을 살짝 질을 내면 그곳이 질겨져서 가운데 마주 대도 절대 질경이 대가 더 강하여 이길 수 있었다.

그 시절 전염병

　60년대는 전염병도 많아서 천연두, 홍역, 결핵, 기계충 등 무서운 질병이 많았는데 그때 가장 무서운 병이 장질부사 또는 장티푸스라는 수인성 질병이었다. 옛말로 말하면 염병이다. 장티푸스가 들어오면 온 마을 사람이 다 걸리는데 걸린 사람은 열과 설사, 머리가 뭉툭뭉툭 빠졌다. 우리 동네에도 장티푸스가 걸리자 마을 사람들이 설사를 하는데 우리 집도 모두 설사를 하자 군대 의무대에 계셨던 아버지께서는 피마자(아주까리) 기름을 식구 모두에게 먹였다. 이건 장티푸스보다 더 지독하게 며칠씩 설사를 해서 다행히 장티푸스는 나았지만 식구 모두 피골이 상접하여 죽을 지경에 이르렀다. 아버지를 모두 원망했지만 지금 생각하면 최선의 선택이었다.

그 시절 영화

◆◆◆

   청량리에는 극장 4개가 있었는데 동일극장, 시대극장, 오스카극장, 경동극장이다. 세 극장은 좋은 프로그램을 하나만 상영하고 경동극장은 2개의 프로를 연속 상영하여 지금같이 1회 끝나면 나오는 것이 아니라 하루 종일 극장에서 영화를 볼 수가 있었다. 영화가 상영되면 귀는 닫고 보아야 한다. 할 일 없이 노는 사람이 많아 줄거리를 전부 다 알고 미리 말해서 초를 치곤 했다. 해설사가 여기저기 많으니 어떤 때는 조용히 하라고 싸움이 일어나기도 했다. 코 골고 자는 사람, 술 취한 사람, 중간중간 껌 팔러 다니는 사람, 오징어 팔러 다니는 사람, 할 일 없는 사람, 깡패들이 합숙하는 등 이건 극장이 아니라 피난민 수용소 같았는데 2편을 상영하는 극장은 모두가 그런 처지였다.

세탁기가 생기면서 사라진 물건

　60~70년대 농촌에서 살았던 사람들은 잊지 못할 물건이 많다. 대개 우리 마을에서도 공동 우물이 있어 작은 빨래는 공동 우물 빨래터에서 하고, 큰 빨래는 개울로 가서 흐르는 물에 하였다. 빨래판과 방망이는 꼭 있었고, 우물 한쪽에는 큰 기둥을 세워 거기에 빨래를 두드려 빨고, 빨간 고무다라에 넣어 발로 밟기도 했다. 집에는 튼튼한 철삿줄을 빨랫줄로 사용했으며, 늘어지니 대나무 장대로 받쳐 주었다. 애벌빨래하는 둑이 있었고, 더러운 빨래를 삶는 노란 양동이가 필수였으며, 뽕나무나 콩깍지를 태워 잿물을 만든 후 아기 오줌을 섞어 양잿물을 만들어 사용했다. 마른빨래는 솔로 풀을 먹여 다듬이나 홍두깨로 두드려서 편 뒤에 숯불을 넣은 다리미로 다려서 빨래를 끝냈다.

선택

◆◆◆

　어려서부터 오직 내 꿈은 군인이 되는 것이었다. 군인 중에서도 장교가 되어 장군으로 승진하는 것이 내 변하지 않는 일생일대의 꿈이었다. 그 이유는 아버지께서 6.25 전쟁에 참전하여 5년 동안이나 나라를 위해 싸우시다 내가 6살 때 제대하시고 많은 책과 약품 그리고 전쟁 공로로 훈장을 받아 오셨기 때문이다. 그 뒤로도 의무대에 근무하셔서 부안군 국민을 위해 무료 의료 봉사를 많이 하셨고 항시 군인 정신이 살아 있어 매사에 열심히 사셨기 때문에 어려서 아버지의 영향을 많이 받았다. 누가 장래 희망을 물어보면 항시 대답은 천편일률적으로 "군인이 되어 장군이 되는 것입니다." 하고 바로 대답을 하였다. 그렇게 초등학교 때부터 장군이 되는 꿈을 가지고 마을에서도 학교에서도 골목대장 노릇을 하였고 그에 따라 공부도 열심히 하여 초등학교 때는 반에서 1등을 놓친 적이 없으며 중학교도 장학생으로 들어가 장학금을 받으며 공부하였다. 고등학교 때도 어렵게 서울에 유학하여 아르바이트하면서도 학급에서는 상위권에 속해 어떻게든 꼭 사관학교에 진학할 마음으로 노력하였다. 그런데 아버지께서 고등학교 3학년 2학기에 서울 내 자취방에 오시더니, "네가 6남매의 장남인데, 사관학교에 한 번에 들어가면 좋겠지만 만일 못 들어가면 재수해야 하고, 너의 동생들이 줄줄이 학교에 다니는데 우리 집 형편으로는 감당할 수가 없다. 너의 꿈을 접고 2년제 교대에 들어가면 집도 좋고 또 동생들 학비도 좀 보탤 수 있으니, 군인이 되겠다는 마음을 접을 수 없겠느냐."라고 하며 내 양손을 꼭 잡으시고 부탁하셨다. 아버지의 간곡한 부탁에 나의 꿈을 접고 가족을 위하느냐, 아니면 끝까지 내 꿈을 위해 밀고 나가느냐란 갈림길에 서게 되었다. "아버지, 당장은 결정을 내리기가 어려우니 좀 시간을 주십시오." 하여 며칠 고민했다. 어떤 선택을 할까 친구들에게 자문하고 또 담임 선생님께도 말씀드렸더니 현재 실력으로 사관학교는 조금 어려우니 잘 생각하라고 하셨다. 결국 그동안 고생하신 조부모님, 부모님의 뜻과 동생들의 미래를 위해 내 꿈을 접고 방향을 바꿔 교대에 진학하였다. 그 인생 첫 번째 선택으로 교사가 되어 10여 년 동안 집에 통째로 봉급을 주어 동생들도 학교 잘 다녀 모두 잘 살게 되었다. 나도 행복한 교직 생활을 43년 동안이나 했으며 2만 명에 가까운 제자를 길렀고 〈시니어 토크쇼 황금연못〉에도 10년째 200번이나 출연하는 계기가 되었다.

지울 수 없는 사람

◆◆◆

　1967년 7월 21일, 고등학교 2학년 여름 방학이 시작되자 덜렁 가방 하나만 메고 서울 동대문구 제기동에서 출발하여 전북 부안 고향까지 가는 무전여행 겸 고향집 귀향길에 올랐다. 그때 우리 반에는 전라도 쪽에서 온 학생이 한 명도 없어 240km에 달하는 길을 혼자 무전여행으로 갔다. 그 당시만 해도 사람들 인심이 좋아 지나가다 수박 따는 일, 논에서 김매는 일, 감자 캐는 일 등을 해 주면 밥도 주는 그런 시대라 그 당시 학생들 사이에는 끼리끼리 무전여행이 통하는 시대였다. 그래서 준비도 돈도 없이 출발하는데, 날씨는 덥지, 1번 국도를 따라가는데 지도도 없이 가니 걷기도 어려웠다. 가장 힘든 일이 잠자리였는데 학생 혼자 거지꼴을 하고 재워 달라고 하니 선뜻 재워 주는 집이 없었다. 그때 마을마다 다니는 옹기장수, 채, 상 장사꾼들을 만나면 같이 다니면서 같이 잤다. 그 당시 그런 장사꾼들은 농촌에서 잘 재워 주었다. 그렇지 않을 때는 원두막이나 마을 입구 정자나무 또는 모정에서 자는데 벌레나 모기가 많아 힘들었지만 그렇게 해서 하루 30km씩 걸었다. 그런데 하필 내가 떠났을 때가 장마 끝 무렵이었는지 어느 날은 비가 억수같이 쏟아지고 비가 안 올 때는 너무 더웠다. 그렇게 논산 입구까지 7일째에 저녁 늦게 도착했다. 사람 꼴은 말이 아니고, 얼굴은 햇볕에 타서 눈만 반짝였으며, 신은 해어져 터덜거렸다. 우선 너무 피곤하고, 힘들고, 몸살 기운이 있었다. 온몸이 아픈 가운데 은어라는 동네에 들어가서 몇 집을 다니다 거절당했다. 어디 잘 곳이 없나 살피며 마을 끝을 나오는데 갑자기 험악한 중년이 끝 집에서 나오다 나를 보더니 알아들을 수 없는 말로 소리를 치며 나를 잡고 때릴 듯이 뭐라 했다. 도무지 무슨 말인지 알 수 없어 두려움에 떨고 있는데 할머니 한 분이 집에서 나오더니 "오복아, 그러지 마! 어서 이리 들어가."라고 하자 그 아저씨는 집으로 들어갔다. 할머니는 나에게 아들이 병이 있어 비가 오거나 해 떨어질 때 모르는 사람만 보면 그런다고 했다. 어디 가는 길이냐고 묻기에 부안 가는데 잠을 좀 잘 수 없느냐고 물었더니 들어오라고 해서 할머니 집으로 들어갔다. 보리밥과 신김치로 저녁을 얻어먹고 누웠는데 온몸이 아프고 쑤셔 저녁내 잠을 자지 못했다. 결국 아침이 되었지만 일어날 수가 없었다. 그러자 할머니는 밥도 못 먹는 나에게 먹이려고 나물을 몇 가지 뜯어 와서 죽을 끓여 주셨는데 그것도 잘 먹지 못하자 면 소재지까지 걸어가서 약을 사다 주셨다. 결국 그날은 종일 누워 있었다. 오복이 그 아저씨가 수건에 물을 적셔 내 이마에 올려 주고, 할머니는 종일 내 병구완하느라 고생해서 겨우 그다음 날엔 일어나 부안으로 출발할 수 있었다. 허리춤에 가지고 있던 500원을 주시고 해진 운동화 대신 신고 가라고 오복 아저씨의 흰 고무신도 주셔서 운동화는 버리고 고무신을 신었다. 개학 때 되면 서울 가면서 꼭 들르겠다고 할머니에게 약속했지만, 부안 집에서 친구들과 만나고 집안일도 도우면서 논산 할머니와의 약속은 까마득히 잊어버렸다. 개학 날이 다가와 김제에서 서울행 완행열차를 타고 서울로 돌아왔다. 그 할머니와 오복 아저씨의 고마운 병간호를 종종 떠올렸는데 결국 그 뒤로 한 번도 찾아뵙지 못하고 내 기억 속에 고마운 마음만 간직한 채 지금까지 살고 있다.

무모한 계획

 1965년 고등학교 입시에 낙방하여 재수를 할 수도 없고 집에는 있기 싫은 데다, 그동안 농사일 또는 불 때기, 나무하기, 가축 기르기 등 초중학교 다니면서 너무 고생을 많이 하니 농촌 생활은 나에게 맞지 않은 것 같아 집에는 아무 말도 않고 가출하기로 했다. 어머니한테만 "서울로 가서 혼자 살아갈 테니 차비만 해 주세요." 하고 말하니 어머니께서 돈 5,000원과 쌀 석 되를 주셨다. 새벽 기차를 타기 위해 2월 찬 바람을 맞으며 송천 뒷박산까지 따라오시며 눈물을 보이셨다. 나는 그저 시골을 벗어난다는 생각에 신이 나서 어머니 빨리 들어가라 하고 소리치며 김제에서 10시 40분 호남선 완행열차를 8시간 타고 새벽에 서울에 오게 되었다. 그래도 학교는 다녀야겠기에 배짱 좋게 중학교 성적을 말하며 고등학교에 찾아갔다. 몇 군데서 거절을 당했고 결국 학생 수가 미달한 학교에서 3월부터 다니게 되었다. 그러나 거처할 곳이 마땅치 않아 처음에는 발을 뻗으면 문밖으로 발이 나가는 중랑교 한 평짜리 루핑집에 하룻밤 20원에 살면서 한 달을 버텼다. 그러다 인왕산 꼭대기에 간이 벽돌집을 지어 한 달 살다가 너무 추워 독서실에서 살았고, 신문 배달하며 보급소에서도 살다 성동역에서도 한 달 살았다. 경동 극장 영사실에서도 살다 성동역에서 구두 닦고 연탄 배달, 신문 배달, 면봉, 테이프 장사도 하고, 성동역 청량리 열차에서 신문도 팔았다. 도서실에서 거처하고 중랑교 월세방에서 살다 결국은 양말 장사, 면봉, 스카치테이프 잘라 팔기, 구제 물품, 바지 팔기 등 돈이 되는 일을 했으나 갈수록 힘들고 어려운 생활이었다. 첫 가출이 실제 내 인생에 도움이 많이 되었지만 지금 생각해도 무모한 가출이었다. 아무 준비도 계획도 없이 3년의 서울 생활은 지금의 나를 있게 하였지만 잘못될 경우가 많은 수였기에 무모한 도전이었다.

꽃놀이

 1968년 고3이 되자 대학교 진학이 걱정되었다. 그 당시 모든 친구가 대학 진학을 위해 학원에 다니고 교재도 사기 위해 돈이 필요했다. 그래서 나도 형식이와 어떻게 돈을 벌까 생각하다 창경궁 벚꽃놀이에서 엿장수를 해 보기로 작당했다. 경동 시장에서 판자를 주워다 옆구리에 매고 다닐 수 있는 엿판을 만들고, 어깨띠를 둘러맬 수 있게 만든 다음 엿 공장으로 가서 둘이 모은 돈과 외상까지 져 가며 가락엿과 갱엿을 잔뜩 샀다. 4월 27일 오후에 학생티가 나지 않도록 군화에 모자를 눌러쓰고 창경궁 벚꽃놀이에 갔다. 들어가는 입구부터 사람이 인산인해를 이루는데 그 당시만 해도 어느 곳이나 어깨(깡패)들이 기도나 문을 지키는 곳이 많았다. 벌써 정문을 지키는 수위가 우리를 보고 "너희들 뭐야." 하길래 "고학생입니다. 한번 봐주십시오." 했더니 엿 몇 개 줘 보라고 해서 무사히 통과할 수 있었다. 처음에는 기어 들어가는 목소리로 "엿 사세요."라고 하니 한 시간째 한 개도 못 팔았다. 으슥한 나무 밑에 있는 남녀에게 엿 좀 사 달라고 했더니 두말하지 않고 엿을 사기에 그 뒤부터 남녀 쌍쌍이 으슥

한 곳에 있는 사람만 보면 엿 사 달라고 달라붙어 엿을 팔았다. 또 길 잃은 울고 있는 아이들을 미아보호소가 없어 정문 경비실로 데려다주면 찾은 부모들이 사례비를 주었다. 게다가 그때는 화장실이 부족하여 음침한 곳에서 실례를 하는 사람들이 많았는데 그런 곳을 찾아다니며 실례하는 사람 뒤에 있다가 볼일 본 뒤 "엿 사세요."라고 말하면 부끄러운지 어김없이 엿을 사 줬다. 그렇게 한두 시간 만에 엿을 다 팔았다. 야간 개장에 다시 엿을 팔기 위해 엿을 몽땅 다시 사다가 해 떨어질 때쯤 다시 와서 엿을 팔기 시작했다. 저녁에는 사람이 너무 많아 곳곳에서 싸우는 사람도 있고, 소매치기당하는 소리도 들렸다. 젊은 청년들이 많이 몰려 있으면 엿치기하라고 해서 엿을 많이 팔았고, 또 연못에서 노 젓는 보트 타는 사람들은 먹거리가 없으니 꼭 엿을 사 갔다. 벚나무 위에 올라가 붙잡고 있는 남녀를 보면 따라 올라가 "엿 사세요."라고 하면 염치없어 엿을 사 주었다. 창경궁 벚꽃놀이 덕분에 몇 달 치 학원비를 벌어 형식이와 나는 대학에 무사히 진학할 수 있었다.

분노 폭발

학교에 다니면서 신문 배달은 너무나 고달프고 힘들었다. 특히 조간신문은 새벽 3시 반에 일어나 4시부터 신문이 오면 속간지 끼우기와 홍보지를 넣어서 늦어도 4시 반부터 배달을 시작해야 했다. 비가 오는 날이나 늦잠 자는 날은 150~200부씩 돌리기가 어려워 신문 보급소에서 혼자 숙식을 해결하며 신문 배달을 했다. 그때 신문 돌리는 사람들이 대략 보급소장과 총무까지 7명이었는데 신문을 돌리려면 보증금 제도가 있어 그때 쌀이 한 가마(80kg)에 6,300원이었는데 5,000원을 내고 신문을 돌렸다. 또 60년대 후반은 호외가 많이 나와 시도 때도 없이 호외도 돌려야 해서 신문보급소 생활이 편안했다. 그런데 그때는 쪽방촌이 많아서 신문을 한두 달 보다 이사를 하여서 신문대를 못 받는 경우가 많았다. 신문을 몇 달 돌려도 한 푼도 못 받는 구역도 생겼는데 내가 돌리는 구역이 바로 그런 구역이었지만 숙식을 해결할 수 있어 참고 다섯 달째에 들어섰다. 월말이면 신문대를 각 가정에서 받아다 소장에게 내면 소장은 소장실에 놓아두었는데, 다음 날 돈을 모두 도둑맞았다. 소장은 나 혼자 여기서 자고 있으니 내가 훔친 범인이라며 몇 대 때리고 돈을 내놓으라 계속 다그쳤다. 날벼락도 유분수지 절대 아니라고 해도 심하게 때리기에 화가 머리끝까지 나서 책상을 엎고 신문보급소를 나왔다. 갈 곳이 없어 친구 집에서 며칠 의탁하다 보증금 5,000원을 받으러 보급소에 갔더니 적반하장으로 보증금은 줄 수 없고 내가 신문 못 돌린 곳의 미납대금 5,000원을 내놓으라며 윽박지르고 또 때리려고 했다. 도둑 누명과 보증금 5,000원도 못 받는 억울함에 화가 머리끝까지 나서 박치기로 한 대 받았다. 그랬더니 아파 죽는다고 치료받아야 한다며 고발한다기에 신문보급소를 뛰쳐나갔다. 그 뒤 우연히 총무를 만났는데 소장이 보증금을 안 주기 위해 지금까지 몇몇 신문 배달 아이들에게 도둑 누명을 씌워 내보냈다고 말해 줬다. 화가 나 다시 보급소에 가서 소장한테 "당신이 범인이지! 거짓으로 누명 씌워 보증금 안 주려고 그랬지!"라고 하자 소장은 당장 날 고발한다며 또 물건을 들고 때리려고 했다. 억울하고 화도 너무 났지만 결국 다시 보급소를 나오고 말았는데 그때 일을 생각하면 지금까지도 분통이 터진다.

황당한 편지

 1978년 30세가 되도록 결혼을 못 해서 집을 나와 자취를 했다. 그 당시는 30살이면 노총각이 되어 25살까지 들어오던 선도 들어오지 않고, 여자들이 만나 주지도 않던 때라 대종가의 장손이라는 글을 써서 샘터에 보냈다. 그 글이 나온 뒤로 전국의 여자들이 격려하는 편지를 30여 통 보내 줬는데 그중 서울에서 백영숙이라는 여성한테서 온 편지가 있었다. 글씨도 너무 아름답고 글씨체도 여러 가지이며 내용도 시적 표현, 감정 표현이 너무 좋았다. 하루걸러 편지를 써서 몇 달간 보내다 이 정도 글과 글씨를 쓰는 여성이면 한번 만나야겠다는 생각이 들었다. 한번 만나자고 편지를 몇 번을 보냈으나 아직은 그럴 마음이 없다고 하면서 편지는 계속 보냈다. 그러다 가을쯤에 만나자는 연락에 승낙이 와서 종로에 있는 단성사 입구에서 만나기로 했다. 나는 잡지를 손에 들고 있겠다고 하여 정각 12시쯤 만났는데 예쁜 여자분이 두 분 나와서 인사를 했다. 한 분은 백영숙인데 눈이 아프다고 안대를 쓰고 있었고, 다른 분은 백영숙보다 좀 젊은데 아주 명랑하며 쾌활했다. 그래도 여성을 처음 만나는데 식사를 해야겠기에 비싼 음식점으로 갔다. 서로 고향도 묻고 나이도 물었는데 백영숙은 27살, 다른 여자는 24살이었다. 아무래도 백영숙 친동생 같다는 느낌이 들어 계속 물었으나 동생이 아니라고 했다. 식사를 마치고 차나 마시자고 음악다방에 가게 되었는데 나도 음악을 좋아하고 백영숙도 음악을 좋아한다고 해서 한참 앉아 얘기했다. 그 당시엔 DJ한테 신청곡을 메모지에 써서 건네주어야 했기에 다른 여자가 음악을 신청하러 갔다. 나도 〈꿈꾸는 카사비앙카〉, 〈딜라일라〉 등 몇 곡을 신청했고 백영숙도 가서 몇 곡을 신청하며 그렇게 몇 시간을 보냈다. 음악다방을 나오면서 두 분은 미리 나가라고 하고 계산을 하면서 DJ한테 젊은 여자분이 신청한 곡 메모지 두 장과 눈을 가린 여자분이 신청한 메모지를 두 장씩 달라고 했다. 세상에 백영숙이 쓴 메모지 글씨는 세 살짜리가 썼어도 더 잘 쓸 정도로 난잡하고 알아보기 어려운 글씨체였고, 젊은 여자분이 쓴 글씨는 지금까지 나한테 왔던 편지체였다. 바로 지금까지 나하고 펜팔을 주고받은 당사자는 젊은 여자였고 백영숙은 대역을 했던 거였다. 그래서 내용을 짐작할 수 있었다. 바로 다방을 나와 "오늘 즐거웠습니다. 동생분이 언니를 위해 편지 쓴 걸 알았습니다."라고 했더니 둘 다 깜짝 놀라며 놀라는 눈치였다. "언니한테는 미안하지만, 동생분은 정말 글 잘 쓰시고 작가가 되었으면 합니다." 하고 바로 헤어져 자취방으로 돌아와서 편지를 모두 불태우고 황당한 펜팔을 접었다.

유행 아이템!

   7080년대는 멋이 우리나라에 도입되던 시대다. 거리마다, 마을마다 멋쟁이들이 하나둘 나타나 유행을 선도했고, 외국의 유명 브랜드가 도입되어 하나씩은 가지고 다녀야 멋쟁이라고 했다. 나도 그때는 남에게 뒤지지 않고 멋을 내 보려고 머리를 장발로 기르고 유명 바바리코트를 두 개나 샀다. 던힐 장지갑과 던힐 벨트에 도끼빗을 뒷주머니에 꽂고 다녔으며 비싼 카메라를 메고 다니면서 멋을 풍겼다. 그 당시는 카메라가 귀해서 필름 없이 들고만 다녀도 처녀들이 말을 붙였고, 차가 없어도 열쇠 꾸러미를 벨트에 차고 다니면 자가용이 있는 것처럼 부자티를 내고 다니는 일명 허풍쟁이 멋쟁이들이 있었다. 그때 봉급은 전부 집에다 봉투째로 드리고 다른 교사의 숙직과 출장을 도맡아 하며 돈을 모아 하나씩 샀다. 또 할부가 그때는 잘 통해서 한 달에 얼마씩 주고 사거나 비자금을 마련하는 방법이 많았다. 그렇게 마련한 것이 전축과 레코드판이 있다. 어렵게 장만한 거라 지금까지 버리지 못하고 바바리코트, 장지갑, 벨트, 카메라, 전축, 레코드판 모두 가지고 있다.

핫 플레이스!

◆◆◆

60~70년대는 갈 수 있는 곳이 한정되어 있었다. 서울에서는 창경궁(원)이나 뚝섬 또는 극장이 전부였는데 나는 주로 청량리 일대의 극장에 갔다. 두 편을 상영하는 경동극장과 오스카극장, 시대극장, 동일극장이 있었는데 경동극장에 가면 두 번 세 번 영화를 본 사람들이 많아 영화를 보는 것이 아니라 이번에는 뭐 나온다는 그 사람들의 말소리에 영화는 뒷전이었다. 극장 안 매점에서 아이들이 외치는 소리, 또 코 고는 소리 등 여기저기 의자에서 잠자는 사람이 태반이었고 이건 영화관이 아니라 도떼기시장 모습이었다. 그래도 언제나 극장은 좌석이 꽉 차 만원이었고 김추자 쇼나 하춘화 쇼가 들어오면 초만원으로 발 디딜 틈 없이 사람이 통로까지 꽉 찼다. 서민들에게 만남의 장소이자 스트레스를 푸는 곳이었지만, 한편에서는 싸움이 없는 날이 없는 싸움장이었다. 또 소매치기가 만원 버스와 극장에 많아 어떤 날은 내가 다른 극장에 배달해야 할 필름 통을 잠깐 놓아둔 사이에 도둑맞아 혼쭐이 난 적이 있었다. 다행히 도둑이 가지고 가다 돈이 안 되게 생겼으니 극장 밖에 놓고 가서 화를 면할 수 있었

다. 그리고 깡패들이 모든 곳을 접수하여 설치지 않는 곳이 없었지만 그래도 그 당시의 극장은 서민 학생 노동자들이 숨 쉬고 즐길 수 있는 최고의 휴식 장소였다.

받고 싶은 복

◆◆◆

　시골 종갓집에서 자란 나는 어려서부터 31살까지 할아버지의 지대한 영향을 많이 받고 자랐다. 매우 엄격한 할아버지는 어머니께 시집살이도 많이 시키고, 자식들에게는 철두철미하게 본인의 의견에 따르게 했으며, 손자들에게도 엄격하여 하루도 집안이 편할 날이 없었다. 그중 지금으로 치면 복 달아난다는 이야기를 집중적으로 매일 하셨는데 그건 집이 가난하게 산 우리 집은 복받아야 한다는 논리와 의리와 도덕, 남자는 배짱을 가져야 한다는 이야기다. 우선 복받아야 한다는 이야기를 하자면 반대급부로 매일 복 달아난다는 설교가 반복되었다.

　다리 떨면 복 달아난다.
　음식 먹을 때 말하면 복 달아난다.
　문지방을 밟으면 복 달아난다.
　턱 괴고 앉아 있으면 복 달아난다.
　밤에 손톱 깎으면 복 달아난다.

한숨을 쉬면 복 달아난다.
이를 뽑지 않아 앞니가 벌어지면 복 새 나간다.
마루에서 다리 떨면 복 달아난다.
화난 얼굴은 복 달아난다.
손 까불면 복 나간다.
그릇 뚜껑이 하늘 보면 복 나간다.
음식을 잘 씹어서 사각턱이 되면 복 들어온다.
십자 길에서 다른 이보다 빨리 가야 그날 복 들어온다.
어른 신을 신으면 어른의 복이 나간다.
침 뱉으면 복 나간다.
비를 쓸 때 집 안쪽으로 쓸어야 복 들어온다.
어른 어깨를 짚으면 복이 나간다.
누워 있는 어른의 머리 위에서 무슨 일을 하면 복 나간다.
음식을 깨작깨작 먹으면 복 나간다.

이렇게 할아버지의 복 교육을 30년 동안 받고 자랐지만 그 당시나 지금이나 고치지 못하는 버릇이 두 가지가 있다. 며칠 전에도 컴퓨터하며 턱을 괴고 있었다. 아내한테 목디스크 걸린다고 핀잔을 많이 들었다. 또 하나는 다리 떨기다. 작은 상을 놓고 촛불을 켜서 공부할 때 꼭 턱을 괸 채 깜빡 잠이 들면 할아버지께서 "턱 괴지 마!" 하며 손을 치셨다. 그러면 머리가 떨어지며 촛불에 이마를 데인 적도 있었고, 시시때때로 다리를 떨다 "저놈의 다리를 잘라 버릴까 보다." 하는 야단도 들었다. 또 어렸을 때는 왜 그리 신이 모자란지 멀리 있는 변소에 갈 때 꼭 할아버지 하얀 신만 댓돌에 남아 있어 그걸 신고 갔다 할아버지께 엄청 혼난 적이 많았다. 그런데 우리 집의 비극은 손자들은 예뻐하셔서 나무라거나 회초리로 그쳤지만, 자식들에게는 매우 엄격한 할아버지 때문에 삼촌이 어긋나면서 시작되었다. 그날 장에서 술에 얼큰하게 취하신 삼촌이 마당으로 들어오시는 할아버지를 못 보고 들창문을 열어 가래침을 할아버지가 들렀다 오는 곳으로 뱉어 버렸다. 대로한 할아버지가 저놈이 우리 집을 망하게 한다며 삼촌을 바지랑대로 내쫓고 말았다. 고3이던 삼촌은 전교 1, 2등 하던 공부를 그만두고 건달들과 어울리며 대학도 포기하여 결국 다른 길로 갔다. 어쩌면 그 뱉은 침이 복을 달아나게 한 걸지도 모른다.

기차 지붕 위에서

　1967년 서울로 유학 가서 방학 때도 아르바이트하느라 시골집에 가지 않고 있었다. 그러다 처음 맞는 설날이 돌아와서 고향에 가려고 했지만, 그때는 귀성 전쟁이라 오직 고향에 갈 수 있는 길은 기차를 탈 수밖에 없었다. 우리 고향 부안에 가기 위해서는 전라선 한 가지뿐인데 충청도, 전라북도, 전라남도 사람들이 모두 타서 요즘 말로 금수저가 되어야 표를 살 수 있었으며, 언제 표가 매진되었는지 알 수 없는 것이 그때 사정이었다. 별수 없이 인구가 적은 장항선을 타기로 작정하고 서울역으로 나갔는데 이건 기차 타는 것이 문제가 아니라 서울역에서 뚫고 들어가는 게 문제였다. 표는 살 수도 없고 어찌어찌 입석 표를 구해 장학선 기차를 탔다. 모든 좌석이 사람으로 차 있어서 이건 피난 열차보다 더해 보였다. 서울역에서조차 난간을 잡고 가는 사람이 있고, 짐이 들어가는 시렁에도 어른이고 아이고 상관없이 올라가 있었다. 출입구 통로와 화장실까지 사람이 가득 차서 그야말로 발 디딜 틈이 없었다. 처음부터 기차에 올라갈 수가 없었는데 결국 몇몇이 간신히 기차 문손잡이를 잡고 갔다. 떨어지면 이 세상 사람은 아닐 것 같았다. 같이 가는 청년이 "너 학생이야?"라고 물어 그렇다고 했더니 기차 지붕에 올라가서 환기통을 붙잡고 가자고 했다. 둘이 기차 지붕으로 올라가 청년은 앞쪽, 나는 뒤쪽 환기통을 붙잡고 갔다. 처음에는 너무 무섭고 고향에 가다 죽는 게 아닐까 하는 마음이 생겼다. 바람이 얼마나 차가운지 그래도 반대쪽에 있는 나는 좀 좋다 생각했는데 석탄 때는 연기가 바람 불 때마다 어찌나 날아오던지 죽을힘을 다해 붙잡고 갔다. 완행열차라 기차는 모든 역마다 쉬었다. 기차 지붕에서 소변이 마려우면 한 손으로 잡고 소변을 봤다. 그러면 바람에 의해 그 소변이 돌아 내게로 날아오는 통에 싸다가 멈추곤 했다. 초주검이 되어 겨우 장항까지 갔는데 장항에서 배를 타고 갈 때 모든 사람이 나를 피했다. 사람이 많은데도 내 곁에는 오지 않으려고 해서 이상하다 싶었다. 도선하여 군산에서 버스 정류장에 가는데 가는 길에서도 사람들이 슬금슬금 피하기에 내 옷이 미군 부대 군수물자라 그런가 보다 생각했다. 시외버스 정류장에 가서 사람들로 가득한 부안행 버스에 타려고 하는데 갑자기 운전기사가 나한테 오더니 "너, 뭐야. 뭔데 버스를 타려고 해?"라고 해서 부안 집에 간다고 했더니 "네 꼴을 봐."라고 하기에 화장실로 가서 다 깨져 있는 거울을 보았다. 이건 사람이 아니라 얼굴이고 옷이고 완전 검정투성이에 상거지꼴이었다. 물도 나오지 않아 씻을 곳도 없어서 아무 종이나 주워 문대고 갔더니 더 웃음거리가 되었다. 부안까지 3시간 버스 타고 내려서 1시간 걸어갔다. 거지가 되어 나타난 나를 보고 온 식구가 기절초풍할 지경이었단다. 그래도 명절에 장손이 왔다고 반가이 맞아 주시는 할아버지 덕에 며칠 편히 보냈다. 지금 생각하면 기차 지붕에 올라가 기차를 타고 고향 간 사람은 몇 안 되리라.

졸업식 뒤풀이

　1971년 2월 18일 2년 동안 다녔던 군산교대 졸업식 날이었다. 총무부장으로 학생회 일을 한 관계로 학장님으로부터 공로상도 받고 여러 학생들과 1학년 후배들로부터 축하도 많았다. 졸업식이 끝나자 모두 가족들과 기념 촬영도 하고 축하도 받았지만 나는 가족들에게 졸업식이라는 말도 하지 않았기에 아무도 오지 않았다. 혼자 정원에 서 있는데 그래도 몇몇 친했던 여자 동기들이 다가와서 꽃 한 송이씩 꽃다발에서 뽑아 주었다. 영애, 진육이, 숙자, 정숙이의 고마움을 지금도 잊지 않고 있다. 또 친한 친구 재흥이, 순호, 영규가 잡아끌며 같이 점심을 먹으러 가자고 했지만 가족들이 있어 빨리 집에 가야 한다고 거짓말을 했다. 그래도 배고픔을 참을 수 없어 가끔 교대 모임 행사를 주관했던 빈해원이라는 중국집으로 혼자 가서 그 당시 가장 비싼 삼선짜장면을 두 그릇 시켜 먹었다. 외로움인지 배고픔인지도 모르고 게 눈 감추듯 먹고 다시 허기가 져서 짬뽕을 한 그릇 더 먹었다. 째보 선창가에 가서 하염없이 바다를 바라보다 갑자기 배가 아파서 화장실을 몇 번 들락거렸다. 2년 동안 있던 하숙집 짐을 싸서 집에 가야 했으나 점심 먹은 것이 탈이 났는지 정 많은 하숙집 아줌마의 맛없는 시금치죽을 먹으며 하룻밤을 더 잤다. 2년의 교대 생활과 졸업식을 배탈로 마무리 지었다.

처음 철든 날

철들 때가 가장 무겁다는 말도 있지만 살다 보면 몇 번씩 철이 드는 것을 느낀다. 인생을 깨달아 새로운 각오를 해야 한다고 할까? 내가 처음으로 철이 든 것은 중학교 2학년 때이다. 초등학교 다니면서 장난꾸러기에 못된 짓을 많이 하고 온 동네에서 말썽꾸러기로 소문이 나 매일 우리 집으로 항의하러 찾아오는 부모님들이 있었다. 우리 부모님이 달래서 보내느라 고생을 하셨는데, 중학교 입학해서는 학교에서 요주의 인물로 더욱 말썽을 피우게 되어 생활지도실의 단골이 되었다. 이유는 여러 가지가 복합적으로 있었는데, 첫째로 키가 커서 우리 반 76명 중 74번이었는데 매우 작은 애들을 업신여기고 장난을 잘 치는 것이었으며, 둘째는 공부를 잘해 첫 시험에서 등수에 들고, 수학은 학년 최고 점수를 받아 우쭐해져서 적당히 해도 되겠구나 하는 해이해진 마음이다. 세 번째는 친구가 너무 많았다. 학년 대장을 중심으로 한 친구가 7~8명이고 사우성이라는 문방구 친구가 4명, 같은 방향에서 다니는 친구가 5~6명 또 마음에 맞는 친구가 개별적으로 5~6명에, 같은 반 뒷자리 친구가 5명 등 여러 조직이 있어 매일 돌아가며 그 친구들과 하루 한 건씩은 말썽을 피웠다. 선생님들 골탕 먹이는 것은 즐거운 메뉴였지만 한번은 친구가 오는 줄 알고 문을 밀었다가 선생님과 크게 부딪쳐 실내화로 뺨을 스무 대나 맞은 적도 있었다. 마음이 맞는 친구들과 토요일에 친구 집에서 자면서 시시때때로 여름에는 수박 서리, 복숭아 서리, 살구 서리, 가을에는 닭서리, 고구마 서리, 당근 서리를 다녔다. 오후에 보충 수업은 마음에 맞는 친구들과 땡땡이치기 일쑤였고, 문방구 친구들과는 모자, 바지 등 옷을 줄이고 늘려서 독특하게 만들어 입고 다녔다. 생활부장님께 걸리면 다시 고치고 해서 수선집의 단골이 되었고, 지각으로 인해 운동장 뺑뺑이 단골이 되었다. 쉬는 시간에는 동전 치기, 홀짝 게임, 권투 시합, 서열 정리 싸움으로 코피 터지고 교실 앞에서 손 들고 있기도 했다. 생활지도부 선생님이 너 때문에 다른 학교로 전근 가야겠다고 말씀하신 적도 한두 번이 아니었다. 그런데 결정적 사건이 있었다. 바로 3학년 선배들이 2학년 교실에 집단으로 들어와서 생활지도를 하는 것이 그때 학교의 전통이었는데 그날 우리 교실에 들어온 3학년들이 작정하고 들어와서 무조건 겁 주고, 무릎 꿇리고, 가방 뒤지고, 뒤에 큰 애들은 한 대씩 꿀밤을 주며 아주 심하게 했다. 나와 주영이가 항의했더니 3학년 선배들과 싸움이 벌어져서 난투극이 일어났다. 생활지도부실에 끌려가 아주 완벽히 혼나고 결국 전통을 무시하는 너희 놈들은 정학을 준다고 했다. 그때 우리 담임 선생님이 오셔서 생활지도부 선생님과 크게 다투셨다. 우리 반 애를 담임에게 말도 안 하고 끌고 가서 정학을 주려 한다고 한참 다투며 고성이 오갔다. 막무가내로 우리는 담임 손에 풀려나게 되었지만, 그동안 한 철 없는 행동이 담임 선생님께 죄송한 마음을 안 가질 수가 없었다. 그동안 말썽 피운 것만 해도 너무 많은데 그 무서운 생활지도 선생님과 한판으로 이겨 우릴 구해 주셨으니. 그 뒤 방과 후에 나만 부르셔서 면담했다. "넌 공부도 잘해서 입학했고 지금도 잘하면 될 터인데 너의 행동이 안타깝다. 아직 늦지 않았으니 너의 집안을 생각하고 장래를 생각해서 굳은 결심을 하고 공부 열심히 하라." 하는 말씀에 정신이 번쩍 났다. 지금까지 한 일들이 정말 무의미하고 이래서는 안 된다는 생각으로 그날부터 친구들을 멀리하고 절대 나쁜 일을 하지 않았다. 바르게 오직 공부만 하자는 마음을 굳히고 남은 1년을 정신 차리고 열심히 공부해서 고등학교 입학을 했다.

내 단짝 친구

천호연은 잊을 수 없는 친구다. 1967년 고2 때 경기도에서 우리 학교로 전학을 와서 같은 반이 되어 친해진 친구다. 그때까지 반에서 외돌토리로 지내며 혼자 독불장군같이 어려움을 이기고 있을 때 전학 오는 날부터 내 옆자리에 앉게 되어 어려움을 같이 나누며 추억을 많이 나누었다. 시골에서 온 나는 얼굴도 검고 사투리도 심해서 학교에서 깜상이니 하와이니 하는 별명으로 통했다. 같은 재단 중학교에서 올라온 학생들과 서울 학생들이 자기들끼리 똘똘 뭉쳤는데 내가 좀 힘이 있으니 기를 죽이기 위해 왕따를 시켰다. 그때 호연이가 전학을 온 것이다. 내게서 호연이로 관심과 왕따가 이동하며 호연이가 어려움을 겪기에 우리 둘은 뭉치기 시작해서 어떤 일이든 같이했다. 호연이도 홀어머니 밑에서 학교 다니기가 어려운 처지였는데 나하고 같이 온종일 생활하며 내가 하는 여러 가지 아르바이트를 도와주었다. 여름이 되어 뚝섬으로 얼음과자를 팔러 갔는데 세상에 서울 얼음과자 장사가 다 모여 온종일 팔아도 몇 개 못 팔았다. 우리 둘이 다 먹고 께끼값 통값을 물어 주는 참극도 벌였으며, 청량리역에서 주말에 구두도 닦고 신문도 팔다 유인되어 가는 시골 처녀를 보고 두 번이나 파출소에 신고하여 구해 준 적도 있었다. 어떻게 알았는지 우리가 신고한 걸 알고 그 작자들한테 된통 혼나고 청량리 역전에서 쫓겨났다. 성동역으로 옮겨서 구두와 신문을 팔았다. 엄마와 둘이 사는 호연이네 집은 얼마나 좁은지 내가 끼어 잘 수 없었는데도 배고플 때는 호연이네 집에 가서 찬 없는 밥도 얻어먹었다. 그 좁은 방에서 세 명이 움직이지도 못하고 잠을 자며 서로 장래 희망을 이야기했다. 호연이는 영화계로 나가서 배운 무술로 배우가 되겠다고 했다. 나랑 충무로에 가서 엑스트라나 하자고 갔으나 무슨 전쟁 영화인데 온종일 산에서 인민군 복장을 하고 뛰어다니다 진이 빠지도록 죽을 경을 쳤다. 나는 절대 하지 않겠다고 해서 대신 카메라를 가지고 있는 호연이에게 사진 모델이 되어 창경궁에서 사진을 찍거나 또는 조폭으로 변장한 사진도 찍었다. 그러나 나날이 심해지는 반 애들의 등쌀과 가정의 어려움으로 결국 호연이는 학교를 자퇴하고 직업을 가지면서 나와 헤어지게 되었다. 15년 뒤 가평에서 추석 때 시골에 가려고 고속버스터미널에 갔는데 호연이가 거기서 중앙고속 검표를 하고 있었다. 없는 표를 구해 주어서 고향에 잘 갔으나 그 뒤 만나려고 갔더니 또 다른 곳으로 갔다고 한다. 지금까지 소식을 알 수 없는데 고등학교 때 유일하게 친했던 친구라 지금도 가끔 생각이 난다.

나를 울린 친구

◆◆◆

　우리 동네에서 초등학교까지는 6km가 넘으며 가는 곳에는 공동묘지가 두 군데나 있다. 또 산속에 아픈 사람(한센병)들이 움막을 짓고 사는 곳도 있으며 곳곳에 무덤이 있어 한둘이 학교 다니기에는 힘들기 때문에 48, 49, 50, 51년생을 한꺼번에 같은 해에 입학시켰다. 여학생 2명과 남학생 9명 총 11명이 우리 동네에서 초등학교를 다니게 되었다. 그중 48년생이 1명, 49년생이 4명인데 가장 막내인 인석이와 종배가 51년생으로 가장 어려서 같은 동네 그룹에서는 어린 축에 속해 좀 놀림감이 되었다. 그중 내가 종배와 인석이 싸움도 시키고 씨름도 시키며 자주 괴롭혔다. 종배 집은 동네에서 가장 부자라 먹을 것이 많아 가끔 종배한테 달걀도 가져오라 시켜 풀빵도 사서 먹고 눈깔사탕도 사서 모두 나눠 먹었다. 쌀도 조금 꿔 오면 그걸로 뻥튀기를 사 먹으며 초등학교 6년을 보냈다. 그런데 종배가 중학교에 떨어졌다가 보결로 같은 중학교에 다니게 되었다. 초등학교 때 지은 죄가 있어 중학교 때는 좀 보살펴 주려고 집에 와서 공부도 가르쳐 주고 학교에서 다른 애들이 괴롭히지 못하게 말리고 보호해 주었는데 공부하기 싫으니까 나하고는 같이 학교에 안 다니려고 피해 다니는 것이다. 야바위꾼에게 수업료를 몽땅 잃고, 학교 와서는 구석진 곳에 가서 매일 쌈 치기, 동전 치기를 하며 이상한 학생들과 어울렸다. 돈을 많이 잃어서 그러지 말라고 몇 번을 타일러도 계속 그 잡기에 빠진 채 중학교 3년을 보냈다. 또 고등학교는 전주로 가게 되어서(물론 보결) 나와 헤어지게 되었다. 그렇게 교대까지 5년을 보내고 내가 교사 발령을 받아 집에 온 뒤 2년 후에 종배도 대학을 졸업하고 집에 왔다. 매일같이 어울리며 고기도 잡고 바둑도 가르쳐 주고 낚시도 같이 다니며 지냈다. 초등 교원이 모자라 교원 양성소가 생겼기에 종배한테 보라고 해서 합격했지만 교원이 남아 발령을 받지 못했다. 또 노름에 빠져 돌아다니며 나를 회피하기 시작했고, 1979년에 내가 경기도로 가면서 다시 종배와 헤어지게 되었다. 그 뒤 교원이 모자라 종배는 1981년도 고창으로 초등학교 발령을 받았으나 또 노름에 빠져 봉급도 다 잃고 경찰에 고발되어 교직을 떠나게 되었다는 소식을 들었다. 그 뒤 고향에 가면 연로한 종배 어머니만 온종일 논둑길, 밭둑길을 걸어 다니기에 내가 미안해서 인사드리고 종배 소식을 물으면 알 수가 없다고 한다. 들리는 소식에 의하면 지금은 가세가 어려워 정읍에서 호떡 장사 하고 있다는 말을 풍문으로 들었다. 초등학교 다닐 때 내가 종배한테 잘못해서 종배가 삶의 방향을 잘못 잡지 않았나 하는 안타까운 마음이 들었다. 지금도 종배한테는 죽마고우로서 빚이 있고 미안한 마음이 든다.

보약 같은 친구

교대에 들어가자 아는 친구가 아무도 없어 우선 마음에 맞는 친구를 사귀고자 200여 명의 학부생을 자세히 관찰했다. 그중 피죤 클럽의 오재흥이 눈에 띄었다. 키도 크고 듬직하고 인상이 너무 좋아 내가 사귀자고 하여 둘이 교대 단짝이 되었다. 재흥이는 군산 사람이라 매일 아침, 내가 하숙하는 집으로 출근하여 내 안부를 묻고 또 집에서 기르는 고구마, 땅콩 등 먹거리를 가져와 같이 먹었다. 하숙집 아주머니는 다른 사람들은 못 오게 하는데 재흥이는 오면 반겨 주셨다. 하숙집 딸이 있는데 사위 삼았으면 한다고 말하곤 했다. 특히 교대 여학생들이 상당수가 재흥이를 좋아해서 내가 사귈 순서를 줄 정도로 인기가 있었다. 더 가관인 것은 내가 음악을 못하니 재흥이도 음악 시간에 빠져 같이 재수강이 나왔고, 체육 교수한테 미움받는 내 역성을 들다 또 같이 재수강이 나왔다. 2학년 때 내가 총무국장이 되어 학교 행사를 치를 때 모든 뒤치다꺼리를 밤늦게까지 해 주었다. 그리고 재흥이는 무주로, 나는 부안으로 발령받았는데 내가 보고 싶으면 밤중에 우리 집으로 찾아왔다. 우리 어머니께서 너희 둘은 전생에 부부였나 보다 하시며 내가 경기도로 가고 나서도 가끔 재홍이가 보고 싶다고 하셨다. 그 뒤 군산 철인 대회에 몇 번 갔는데 그때마다 만사 제쳐 놓고 응원을 와 주어 경기에 큰 도움이 되었으며 이제는 52년의 기간이 있어 가끔 전화나 하고 안부나 전하고 있지만 내 마음에 나를 잘 알고 위로해 주는 보약 같은 친구다.

전국노래자랑

◆◆◆

　1969년 〈전국노래자랑〉이 군산에서 열린다는 소식을 듣고 같이 하숙하는 철호와 듀엣으로 나가자고 다짐했다. 노래 종목을 고르는데, 음치에 박치인 내가 교대 시청 시험도 불합격할 정도라 낮은 음으로 부르기 좋은 문주란의 〈동숙의 노래〉를 골라 매일 연습했다. 하숙집 할머니의 귀를 따갑게 하며 노래에 몰두했지만 돼지 멱따는 소리라고 친구들한테 비난을 받았다. 군산 시민회관에서 열리는 예선 대회에 나갔는데 반주도 없고 나이 지긋한 분이 지휘봉 같은 막대기 하나만 들고 있었다. 앞에서 노래 부르는 사람마다 머리를 톡톡 때리며 이게 노래냐 하며 핀잔을 주기에 그만둘까 싶었지만 그래도 여기까지 왔으니 한번 해 보기로 했다. 철호와 〈동숙의 노래〉를 한 소절 부르기도 전에 "그만! 그만!" 하며 소리를 지르고 의자에서 일어났다. "여기가 너희들 놀이터야! 빨리 꺼져!" 하며 되먹지도 않은 대학생 놈들이 노래자랑을 장난인 줄 안다며 핀잔을 주기에 그 자리를 도망쳐 나왔다. 내 다시는 노래자랑 대회에 절대 나가지 않는다고 맹세했다.

설레게 했던 사랑

　초등학교 6학년 때는 늦게 학교에 입학해서 가장 큰 애들 편에 속했다. 당시 낙근이는 나보다 세 살이 많았고 진호는 두 살이 많았으며 그 외에도 한두 살 많은 친구가 있었으나 대개 낙근이, 진호와 같이 어울렸다. 당시 남자반이 3반 여자반이 3반으로 6개 반이 있었는데 여자반에도 금순이와 복순이는 큰 편에 속했다. 복순이는 전교 1등을 해서 누가 감히 말도 걸지 못했으나 금순이는 예쁘고 사귐이 좋고 서글서글해서 나이 많고 키가 큰 남자애들이 모두 좋아했다. 그 중 특히 나와 짝인 낙근이가 좋아했는데 꼭 공책을 찢어 연애편지를 쓰면 나한테 금순이에게 갖다주라고 심부름을 시켰다. 내가 편지를 주면 금순이는 "너, 남자 아니야. 왜 이런 편지 심부름을 하니?" 하며 생글생글 놀려서 기분이 매우 안 좋았지만, 점점 그 웃는 모습이 좋았다. 꼭 야외 변소를 갈 때는 창문 밖에서 날 보고 생글거리며 손을 까불거렸다. 또 그 당시 유리장 위 칸 청소를 할 때 금순이가 떨어지면 내가 받아 줄게 하며 장난을 칠 때는 나도 모르게 가슴이 두근거려서 얼굴이 빨개졌지만 낙근이 때문에 내색도 못하고 있었다. 금순이는 가끔 지나칠 때 나한테 살그머니 갱엿이나 눈깔사탕을 쥐여 주곤 생글거리며 도망쳤다. 애들은 내가 낙근이의 연애편지 배달부로 알고 있어 큰 관심을 두지 않았기에 자연스럽게 금순이와 만나는 기회가 많았다. 그런데 어떻게 담임 선생님 눈에 띄었는지 하루는 불러서 "너, 중학교 장학생으로 안 갈 거야? 집도 어려운데 금순이와 노닥거릴 시간이 있으면 수학 한 문제라고 더 풀어." 하고 야단을 치셨다. 그래도 금순이만 보면 가슴이 설렜는데 집은 멀고 또 중학교 입시 때문에 설레는 마음을 접었다. 그 뒤 금순이와 만나지 않고 초등학교를 졸업했다. 또 마음에 품고 가까이 가기 어려웠던 전교 1등 복순이와는 교대를 같이 들어가 동시에 같은 면에 발령을 받았다.

대가를 치렀던 경험담

 1970년에 대학을 졸업하고 뭐라도 해야 하는데 아버지께서 경지 정리 때문에 매일 새벽에 나가셔서 저녁때 늦게 흙투성이가 되어 들어오셨다. 그래서 "아버지, 제가 언제 교사로 발령받을지도 모르고, 아버지 따라 다니며 경험을 쌓고 일도 배우고 싶습니다."라고 했더니 "송충이는 솔잎을 먹고 살아야 한다. 너는 일 못 해. 매일 일한 사람도 힘든데 그만두라."라고 한마디 하셨다. 그렇지만 사나이 대장부가 한번 말을 꺼냈기 때문에 그날부터 아버지를 따라갔다. 이건 생전 처음 보는 일이었다. 바로 황토 3.3m(한 평)를 손수레에 퍼서 그걸 지력이 오래된 논에 까는 일인데 한 평당 1,400원을 주었다. 그래도 농한기에 그만한 돈벌이가 없어 그 땅띠기를 서로 하려고 경기 정리에 근동 사람들이 모여들었다. 다행히 아버지의 입김으로 그날부터 일하게 되었지만 그렇게 힘든 일은 난생 처음 겪어 보았다. 일이 끝나고 집에 오면 얼마나 힘이든지 씻지도 못하고 폭 쓰러져 자고 다음 날 세수고 뭐고 할 것 없이 새벽에 아버지를 따라 또 땅띠기를 나갔다. 정말 돈 주고도 못 배울 삶의 큰 경험이었지만 일주일 후 몸도 못 움직일 정도의 대단한 몸살감기가 와서 겨우 손수레에 실려 병원에 갔다 왔다. 아마 한 20일은 족히 앓았던 것 같다. 쉬는 기간 이득도 보고 또 삶의 교훈도 얻으려 했지만 병원비가 더 들고 아픔으로 대가를 톡톡히 치렀다. 역시 노력하면 그 결과는 꼭 얻어진다는 진리를 깨달았다.

크리스마스의 악몽!

  1968년 고3 제기동 독서실에서 먹고 자고 지낼 때 독서실 친구들과 자취생들이 가끔 모여 지냈는데 그 겨울은 유난히 추워 몸과 마음이 지쳤다. 잘나가는 반 애들은 모두 은행이나 기업에 취직을 하여 학교에도 나오지 않았고, 공부 잘하는 애들은 대학교에 진학한다고 열공하였다. 이것도 저것도 아닌 어중이떠중이들은 그저 한숨만 쉬고, 모여서 신세 한탄만 할 때 크리스마스가 돌아왔다. 나는 실업계 고등학교에 다닌 관계로 어떻게든 취직을 해야 했기에 고향에도 못 내려가고 같은 학교 친구들 자취방과 독서실을 전전했다. 크리스마스 날 종운이가 다른 학교 자기 친구인 진택이네 자취방에 가서 같이 놀고 자자고 해서 없는 돈을 털어 호떡과 각성냥을 사서 진택이네 자취방에 갔다. 밤늦게까지 호떡에 성냥을 무더기로 놓고 불을 켜서 태우고 못 먹는 술도 한잔하며 밤중까지 놀다 잤다. 누가 내 몸을 잡아끄는 느낌이 나 눈을 뜨니 천장이 파랗게 보이고 너무 어지러워 일어날 수가 없었다. 어떤 어른이 나를 끌어다 하수구 구멍에 머리를 들이댔고 또 아주머니는 김칫국물이라며 한 그릇 주는데 나쁜 아니라 세 명 모두 밖에 끌려 나와 있었다. 진택이란 애만 서서 우리를 보고 있었는데 우린 연탄가스에 중독된 것이었다. 아침에 안 일어나니까 주인집에서 깨워 주었다. 늦게 자서 다행히 무사할 수 있었다. 진택이란 애는 가끔 중독되어 괜찮다고 자신 있게 말했으나 크리스마스 날 저세상으로 갈 뻔한 우리는 살아 있는데 진택이는 다음 해 2월 비가 내리는 날 가스 중독으로 세상을 달리했다는 소식이 들려왔다.

수학여행

　중학교 3학년 때 경주로 수학여행을 가게 되었는데 하필 우리 중학교와 해미여중이 같은 기차를 타고 가게 되었다. 기차 칸에서부터 선생님들의 눈을 피해 가지고 간 술도 조금씩 마셔 댔다. 우리 친구 중에 여자만 보면 사귐이 좋은 기동이가 어느새 작업을 걸어 해미여중생 몇을 친구로 만들었고 경주에 도착했을 때는 허물없이 농담도 하는 처지가 되었다. 또 우리 여관과 해미여학교 여관이 바로 옆에 있어 놀이가 끝나고 우리 4명과 해미여중 4명이 만나 공터에서 기동이가 가지고 온 술을 마시기 시작했다. 그런데 시간이 늦어서 선생님들이 인원 점검을 하셨는데 이불 속에서 잔다고 베개를 넣어 놓은 걸 들키게 되었다. 비상이 걸려 빠릿빠릿한 애들이 우리를 찾으러 다녀 결국 잡혀 오게 되었다. 우리 4명은 그날 저녁 '술 먹은 놈', '여자 만난 놈' 등의 종이 피켓을 들고 복도에서 저녁내 벌을 서 수학여행의 웃음거리가 되었다.

가족 위한 희생

　어렵게 교대를 졸업하고 교사로 발령을 받았는데 그때 봉급이 23,700원이었다. 쌀 1가마가 7,800원이니까 쌀 3가마가 봉급과 같았다. 그때 우리 집은 11식구의 대가족이었는데 동생들이 모두 학교를 다녀 나는 봉급을 받으면 봉투째로 할아버지께 8년 동안을 드리고 다른 교사들의 숙직을 도맡아 하며 숙직비와 그 외 부업으로 용돈을 벌어 쓰는 처지였다. 다행히 동생들은 모두 학교를 졸업하고 집도 가난을 조금씩 면했으나 32살에 결혼할 때는 결혼 비용이 한 푼도 없어 청첩장도 등사지로 밀고 고향에서 무료로 대여해 주는 예식장에서 했다. 신혼여행은 직장으로 돌아오는 길인 부여에서 국밥 한 그릇 사 먹고 여관에서 자고 다음 날 직장으로 복귀하였다. 그 덕으로 동생들 3명은 모두 대학까지 졸업하고 잘 살고 있다.

뒤통수쳤던 이야기

　시골에서 서울로 유학을 왔는데 모든 것이 낯설기만 하고, 어려운 환경에서 학교 다니느라 노상 힘들었다. 그중에 같은 반 친구인 성근이가 가장 문제였다. 공부도 잘할 뿐 아니라 집도 부자였고, 못하는 운동이 없을 정도로 잘해서 반 친구들이 모두 부러워했다. 얼굴도 잘생기고 키도 커서 모두가 숭배하는 그런 친구였는데 성근이가 나하고 친구였지만 나를 업신여기곤 했다. 시골에서 왔다고 촌놈이라 불렀고, 무얼 하면 트집을 잡고 이것도 못하냐, 너희 시골에서는 안 가르쳐 주느냐며 놀리기 일쑤였다. 도무지 나의 능력으로는 성근이를 이길 수 있는 것이 하나도 없었다. 그때 심정으로는 한번 성근의 코를 납작하게 만들고 싶었는데 그럴 만한 것이 손톱만치도 보이지 않았다. 고민하던 차 교내 마라톤 대회가 열린다는 소식이 들려왔다. 선생님이 한 반에 5명씩 추천을 받는다고 해서 나도 손을 들었지만 성근이가 "종섭이는 달리기 못해요. 우리 반 명예가 걸린 일인데 빼세요."라고 해서 다른 사람 5명이 선정되었다. 한 달 남긴 시점에서 그중 한 사람이 다리를 다쳐 나는 선생님께 제가 선수가 되겠다고 했더니 선생님이 다행히 선수로 뽑아 주셨다. 한 달 동안 성근이의 뒤통수를 치기 위해 피나는 노력을 했다. 모든 하루 시간이 달리기 연수였다. 죽기 아니면 살기다. 이런 각오로 아침저녁으로 뛰고, 자다 일어나서 방에서 뛰고, 화장실에서 소변 볼 때도 깨금발로 봤다. 마지막 달리기하는 운동장에 섰는데 성근이가 나를 보더니 호탕하게 웃으며 "아니, 네가 달리기 선수야? 손기정이 뒷걸음치겠다." 하며 비웃는 것이었다. 처음부터 성근이의 독주였다. 나는 조금 떨어져 뒤만 쫓기 시작했다. 마지막 운동장에 들어와서 결승점이 보이는 한 바퀴 남았는데 성근이가 지친 기색이 있어 나는 결승점을 얼마 안 남기고 죽기 살기로 성근이를 앞질러 1위로 골인했다.

내 인생의 사건 사고

1971년 사랑니가 너무 아픈데 고향에는 치과가 없어 연가를 내서 전주로 가려고 했다. 그런데 어머니께서 야매로 잘하는 돌팔이 만능 의사가 있는데 그곳으로 가서 사랑니와 아픈 곳을 말하라고 하여 물어물어 집에서 7km쯤 떨어진 사산이라는 마을을 찾아갔다. 돌팔이 의사네 집을 찾으니 동네 사람들이 모두 알고 있었다. 집에 들어가니 나 말고 몇 사람들이 대기하고 있었다. 내 차례가 되어 사랑니를 뽑기 위해 펜치 같은 기구를 들고 마취도 없이 부인은 내 어깨를 누르고 딸은 침 뱉는 요강 같은 그릇을 들고 대기하고서 뽑기 시작했다. 몇십 분이 지나도 이는 안 빠지는데 피가 너무 많이 나서 그만하자고 했다. 서비스로 다른 데 아픈 곳 있으면 고쳐 준다고 해서 허리가 약간 아프다고 했더니 엎드려 놓고 그 무거운 몸으로 허리에 올라가 밟기 시작하는데 허리가 끊어질 듯이 아파 그만두라고 소리쳤다. 그 뒤 사랑니 때문에 몇 주 고생하고, 허리는 6개월 동안 아팠던 것 같다. 이제 야매와 돌팔이는 절대 사절하고 있다.

야간 통행금지 시절

　1968년 고등학교를 졸업하고 집에서 놀 때 1월 말쯤 친구 2명과 변산 해수욕장에 갔다. 바람은 너무 차고, 가지고 간 술도 바닥나고, 차도 없어서 10km 되는 길을 걸어서 우리 집까지 가기로 했다. 노래를 부르며 뛰다 걷다 하는데 해변을 지나 막 상서 산모롱이를 돌아 산길 쪽으로 접어드는데 갑자기 호루라기 소리와 두 명의 경찰들이 우리 앞을 가로막았다. 다짜고짜 우리 앞에 오더니 "너희 뭐야. 이리 와." 하니까 술 취한 태석이가 "너희는 뭔데." 하고 대들었다. "이 새끼들 봐라." 하는데 성열이가 한 명을 엎어치기로 넘어뜨리자 난투극이 벌어졌다. 그러다 갑자기 "꼼짝 마! 손 들어!" 하며 권총을 들이대는 것이다. 취한 중에도 이거 큰일 났다 하고 우리는 납작 엎드렸는데 질펀거리는 땅에 겨울이라 엄청 추웠다. 발로 밟고 온몸을 뒤진 후에 일으켜 세우며 "너희들 북에서 왔지." 하며 권총을 겨누는데 술은 취했지만 기절초풍할 지경인 우리는 사시나무 떨 듯하며 아니라고 했다. 그러나 뒤로 팔을 결박당한 채 상서 지서로 잡혀갔다. 잡혀가서 몇 대씩 얻어맞으며 취조가 시작되었는데 한마디만 잘못해도 얻어맞았다. 나중에 내 인적 사항을 말하자 주산 지서로 전화를 해서 주산지 서장이 우리 아버지를 잘 안다고 하여 풀려날 수 있었다. 나중에야 김신조가 1968년 1월 21일 북에서 내려와 전국에 비상이 걸려 통행금지였던 걸 모르고 우리가 오밤중에 오다 경을 쳤다는 걸 알았다.

아날로그 시절 연락망!

 중학교 때 4인조 우리 악동들은 매일 사고를 안 치면 사람이 아니다 할 정도로 사고를 치고 다녔다. 학교 훈육실을 매일 드나들고 하교 후에는 주로 만우당이라는 문구점에 모였는데 그때는 반이 달라서 하교 시간이 일정치 않아 우리끼리 연락 수단을 정했다. 교문 오른쪽에 1m 담장이 있는데 첫 번째는 연호, 두 번째 나, 세 번째 기동이, 네 번째 시용이로 정했다. 그냥 모이지 않고 집에 갈 때는 기둥 앞에 작은 돌을 놓아두는 것이다. 한 명이라도 돌이 놓여 있으면 만우당에 모이지 않고 가는 것이고, 돌이 없으면 만우당으로 가서 모이기로 했다. 나중에는 다른 애들이 약속의 돌을 알고 돌을 여러 개 놓아 방해를 하는 바람에 어쩔 수 없이 화단에 쭈그리고 앉아 기다렸다. 그다음 연락망이 만우당 4칸 유리창에 작은 종이를 붙이는 것이었는데 그것도 바람에 떨어지고 해서 서로 연락하는 데 문제가 많았다. 결국은 집으로 찾아가서 불러내는 수밖에 없었는데 악동 짓을 하니까 모든 집에서 모이는 것을 싫어했다. 그래서 집으로 가서 불러낼 때는 휘파람을 3번 불기로 약속했다. 집 앞에 가서 '휙 휙 휙' 하고 불면 모두 모이곤 했는데 우리 집은 유독 잠귀가 밝은 할아버지가 휘파람 불면 도둑 온다 하시고 야단을 치셔서 친구들이 우리 집에는 밤에 잘 오지 않았다.

인생사 새옹지마

　1993년도에 승진할 기회를 잡기 위해 안양에서 안산으로 전보를 신청하며 신설 학교가 있으면 그곳으로 보내 달라고 했다. 기존 학교는 승진하려는 교사가 많아 승진 기회를 잡으려면 신설 학교에서 가장 열심히 근무하는 방법으로 근평을 딸 수 있기 때문이다. 그런데 안양에서 가장 먼 안산 끝의 서부인 안산 선일초등학교로 발령이 났다. 가서 보니 이건 학교가 아니라 공사판이었다. 나무 한 그루 없고, 모든 곳이 파헤쳐져 있으며, 교실 책걸상도 없었다. 기자재도 없는 곳에서 처음 3월 2일 개학식을 하는데 거의 모든 선생님께서 얼굴을 펴지 못하고 있었다. 많은 선생님 중 자원한 사람은 승진을 하기 위해서 온 나뿐이었다. 더구나 나이 든 교무부장을 대신해서 연구부장인 내가 학교 일을 총괄해야 하는 처지가 되었다. 교상 선생님도, 신규 교감 선생님도, 신규 선생님들도 외지에서 온 분들이 대다수고 희망하지 않아서인지 열의가 없었다. 나는 근평을 받아 승진해야 했기에 학교 모든 일을 맡아서 3월 한 달 내내 밤 자정 넘어서 집에 돌아가고, 새벽에 출근했다. 내부 정리는 그런대로 3월에 끝났지만 4

월부터는 외부 학교 둘레 석축 만들기, 수생 식물원 만들기, 연못 파기, 나무 심기를 하며 엄청난 육체노동을 일삼았고, 교장, 교감의 끊임없는 일 요구에 그야말로 파김치가 되었다. 스트레스와 피곤은 한 달 내내 계속되었다. 4월이 되어 식수와 정원 가꾸기를 위해 큰 향나무를 정원수로 심으려고 시흥으로 가서 혼자 잘난 체하며 힘을 쓰다가 척추 디스크가 파열되고 말았다. 세 걸음을 못 걸을 정도로 통증이 왔지만, 학교 일을 할 사람이 없어 안 할 수는 없었다. 하지만 일을 하다 보니 몸은 너무 아프고 견딜 수가 없었다. 월요일 조회 시간에 서 있지 못할 정도로 아프고 체육 시간은 할 엄두도 못 내고 학교 일도 앉아서 하는 일밖에는 못 하는 처지가 되어 결국 담임을 하지 못하고 교과 전담으로 전환했다. 승진할 기회가 정말 좋은 학교에 왔지만, 승진도 포기하고 부장도 사퇴하고 평교사로 운동과 치료에 전념하고 말았다. 기회라고 간 학교가 나의 만용으로 물거품이 되고 말았다.

신의 한 수

　1981년 미원초등학교에서 엄소분교장으로 발령을 받았다. 분교 수업이 끝나면 학교업무일지와 예산서를 들고 오토바이로 6km가 더 되는 본교에 가서 결재를 맡고, 학교업무도 보고하며 1년을 보냈다. 오토바이 연습도 안 하고 탔기에 처음에는 조심해서 운전했으나 점점 자신감이 생겨 차들보다 더 빨리 달리고, 자갈투성이인 산길을 아주 빠른 속도로 달렸다. 지나가는 사람이 있으면 태워 주고 또 손님이 오면 둘셋씩 무서운 줄을 모르고 태우고 다녔다. 마을 사람들도 무슨 일이 있으면 분교로 와서 태워 달라 하기도 했다. 어느 날 교회 목사님이 중학생을 태워다 주다 체인에 중학생의 아킬레스건이 잘렸다는 소식을 아내가 듣고 제발 오토바이 좀 조심해서 타라고, 80년대는 오토바이가 과부 생산 공장이라고 한다고 누누이 말해서 정말 조심해서 타야겠다고 결심했다. 1983년 겨울에는 특히 눈이 많이 내려 자갈길인 본교까지의 길도 얼어붙은 곳이 많아 조심해서 오토바이를 타고 다녔다. 그러다 3월 말쯤 그날도 본교에서 일이 너무 많아 저녁 늦게 오토바이로 집에 가는데, 어두운 산길에서 계속 어떤 차가 뒤를 따라오며 비키라고 불빛을 번쩍거리고 경보음을 울려 댔다. 처음에는 화가 나서 안 비켜 주다가 하도 성화기에 좁은 길이라 옆으로 비켜서서 앞서가도록 했다. 그 트럭이 앞에서 가고 나는 뒤따라가는데 갑자기 트럭이 미끄러지며 사고가 났다. 내 오토바이도 미끄러지며 얼음판 가운데 있는 돌에 가슴을 맞아 숨도 쉬지 못하고 얼마간 누워 있었다. 일어나니 트럭은 앞 범퍼만 부서지고 사람은 다치지 않았다. 운전기사가 나에게 오더니 괜찮냐고 물어서 겨우 일어났지만 숨쉬기가 어려울 지경이었다. 살펴보니 얼음이 언 도로에 눈이 내려서 미끄러진 것이었는데 만일 트럭보다 내가 앞에 갔더라면 미끄러져 절벽으로 떨어졌을 것이다. 다음 날 병원에 갔더니 갈비 2대가 나갔으니 조심하고 한 달을 병원에서 지내라고 했다. 아내에게 말도 못 하고 한 달을 끙끙 앓으며 그 뒤부터는 정말 조심히 타서 아무런 사고 없이 지냈다.

기적의 순간

1997년 겨울에 수안보에서 꿩 요리를 먹고 숙소인 속리산 법주사로 향했다. 밤 10시가 넘은 시간에 눈발이 날리고 정말 조심해야지 하며 차를 천천히 몰았지만, 초행길이나 다름없는 데다 길에 차 한 대도 안 다니고 어둡고 또 눈발이 날리니 아내도 계속 천천히 조심히 가라고 재촉했다. 내비게이션도 없던 시절이라 이정표만 보며 가는데 아내는 옆에서 계속 성경을 읽으며 두려움에 떨었다. 어디인지는 모르지만 가장 높은 곳에 올라갔다 길을 내려가려는데 차가 미끄러지며 브레이크를 아무리 밟아도 그대로 미끄러졌다. 낭떠러지 길가 커브에 있는 큰 바위에 부딪히며 길 안으로 들어왔다. 만일 그 낭떠러지 끝에 있는 바위가 없었다면 우리는 틀림없이 절벽으로 떨어졌을 것이다. 속리산에 가서 아내는 내 기도 덕분에 오늘 기적이 일어났으니 감사하며 살아야 한다고 말했다. 떨어진 범퍼는 줄로 묶고 숙소까지 가며 아내의 기도가 우리를 살렸다는 생각을 하며 지금도 살아 있는 것에 감사하며 살고 있다.

꽃 같았던 시절

전북에서 8년을 근무하다 32살이 되도록 맞선만 49번을 보고 결혼도 못 한 채 경기도 가평으로 전근을 왔다. 그 당시 전북에서 신규 발령이 안 나 경기도로 발령을 받았는데 발령 난 학교에 처녀 선생님만 8명이 있고 주변 학교에도 전북에서 온 처녀 선생이 엄청 많아 천국에 온 기분이 들 정도였다. 가평 설악면 학교에 20여 명의 처녀 선생이 근무하고 있어 이제는 골라잡아 결혼해야지 하는 마음이 들었다. 그러기 위해서 설악면에 있는 처녀와 총각 선생 모임을 만들어 매달 한 차례 모임을 하기로 해 친목도 다지고, 여행도 다녔다. 다른 학교에 있는 처녀 선생님들은 만날 기회가 적었지만, 후배 선생님들은 나에게 선배님 대접하고, 나이가 적은 선생님은 여자지만 형, 형 하며 나를 따랐으며, 나이나 경력이 있으니 지도자로서의 역할도 하니까 어느새 모든 처녀 선생님의 존경의 대상이 되어 있었다. 나도 모르게 누구와 좋아한다는 소문이 나고, 동네에 있는 처녀들도 관심을 두고 만나자는 연락이 왔다. 심지어 하숙집 딸도 매일 먹을 것을 갖다주어 황금 총각 시대를 만끽하게 되었다. 그러다 같은 학교

박 선생과 홍 선생이 나를 향한 맞수 관계가 형성되어 황금의 시대는 가고 둘 중에 선택해야 하는 결론에 이르게 되어 그 좋았던 총각 시절이 끝나고 말았다. 결국은 학교 모든 선생님이 내가 좋아하는 홍 선생 파와 박 선생 파로 갈라져 박종섭 결혼시키기 사업에 들어갔다. 내가 좋아하는 홍 선생 파가 많아서 적극적으로 기회를 만들어 주고, 대시하는 박 선생을 견제하며 양 파 간에 사사건건 대립이 이루어졌다. 나중에는 서로 말도 잘 안 하고 점심도 같이 안 먹게 되었다. 결국은 내가 좋아하는 홍 선생으로 선택하여 결혼에 이르게 되었는데 여러 처녀 선생으로부터 오라버니 또는 형으로 불림을 받던 시대가 그립다.

내 인생 우상

　1972년 두 번째 학교에 근무하게 되었다. 학교 학생도 적고 교직원도 원로 교사만 있어 숙직을 도맡아 하게 되었는데 그때는 TV가 마을에는 없었지만, 학교 숙직실에는 있었다. 마침 1972년 4월부터 KBS에서 〈여로〉가 방송되었는데 선풍적인 인기를 얻고 있었다. 〈여로〉 보는 재미에 빠졌던 나는 〈여로〉만 나오면 숙직실에서 보았다. 때로는 중학교 입시 때문에 늦게까지 공부시키는 아이들을 교실에 남겨 두고 잠깐 볼일이 있다고 교실을 나오면 눈치 빠른 아이들은 "선생님, 숙직실로 〈여로〉 보러 가지요?" 하고 소리쳤지만 그때는 〈여로〉의 장욱제와 태현실에게 빠져서 눈치 보지도 않고 숙직실로 향했다. 〈여로〉는 실제로 영구가 인기가 많아 아이들이건 어른들이건 영구 흉내 내기에 바빴는데, 나는 영구와 태현실의 역경을 헤치는 모습이 내가 살아온 현실과 맞물려 위로의 대상이 되었다. '영구 없다'와 '땍시야 땍시야' 색시 부르는 말과 '찾았다 찾았다, 땍시야 땍시야 밥 줘' 하는 말 그리고 제기차기 하면서 하나 둘 셋 하면 하나만 차고 둘과 셋은 못 차는 흉내를 어른이고 아이들이고 온통 따라

했다. 공부 시간에도 학생들이 모두 영구 흉내를 내서 교과 진도를 맞추기가 어려웠다. 그런데 여주인공 태현실은 대개 여성분들이 좋아했지만, 나도 어려서 할아버지가 일 가시면 따라가 밥 얻어먹던 일과 어려서 너무 배가 고파 매일 밥투정했던 일 또 고등학교 때 고학생으로 고생했던 일이 떠올라 여러 방송에서 정감이 가고 위로가 되었다. 그때는 모든 국민이 〈여로〉를 시청하던 때라 〈여로〉의 정신적인 극기와 역경을 헤쳐 나가는 정신은 나뿐만 아니라 모든 국민에게 공감을 주었다. 살아가면서 영구를 계승한 심형래의 영구 코미디는 또 다른 위로가 되었으며 그때 주제곡인 이미자의 〈여로〉 노래는 지금도 가끔 읊조리며 생활의 활력소가 되고 있다.

이겨 낸 겨울 추위

 1979년 3월 2일 경기도 전출로 가평 설악면 미원초등학교에 전입하여 하숙하게 되었다. 내 고향 전북의 3월은 따뜻한 봄날이었는데 산골 설악면은 너무 추워 시골 어머니께 솜이불을 보내 달라고 부탁하여 아마 6월까지 솜이불을 덮고 잤다. 3, 4, 5월에도 교실 난로를 피우며 지냈지만 다가오는 혹독한 겨울 추위를 견딜 생각을 하니 1979년 가을이 가는 것이 두렵기까지 했다. 그런데 그해 9월, 2학기가 시작되자 서울에서 장지혜라는 학생이 전학을 왔다. 서울에서 태어나 자라서 그런지 키는 작았지만 모든 면에 모범생이고 공부도 잘해 오자마자 학교 전체의 주시의 인물이 되었다. 매일 장지혜네 식구의 소식이 전해졌는데 일테면 장지혜 아버지는 서울대 나오고 어머니는 이대 나와서 부부가 큰 사업을 하다 사업이 잘못되어 시골로 도망 왔다는 이야기가 있으며, 또 시골에 왔는데 갈 곳이 없어 마을회관에 방 한 칸을 얻어서 지내고 있지만, 생활이 너무 어렵다는 이야기도 들려왔다. 그런데 지혜의 표정에서는 그런 냄새는 조금도 풍기지 않고 너무 밝고 상냥해서 학급 분위기가 달라졌다. 공부

하는 분위기, 인사하는 분위기, 심지어 우리 반 학생들 생활 자체가 지혜 한 사람으로 인해 변화되어서 감탄하고 있을 때 더 놀라운 일이 일어났다. 그 당시는 내가 비염이 심해서 추위만 시작되면 심하게 재채기를 하고 코를 풀었는데 지혜가 그 모습을 보았는지 목을 따뜻하게 해야 한다면서 직접 짠 털실 목도리를 만들어 주어서 그해 추위를 이겨 냈다. 그런데 거기서 그치지 않고 가정이 어려운 학생들은 장갑이 없어서 손이 부르트고 갈라져 나도 안쓰럽게 생각하고 있었는데 지혜가 손모아장갑을 만들어 어려운 학생들에게 준 것이다. 처음에는 몰랐다가 몇몇이 손모아장갑을 끼고 있기에 물었더니 지혜가 만들어 주었다고 해서 알게 되었다. 나중에는 나한테도 손모아장갑을 만들어 주어서 우리 반이 한 사람의 사랑으로 따뜻한 겨울을 보낼 수 있었다. 그 뒤 해마다 추울 때마다 하던 털실 목도리를 분실하여 너무 속상하였지만, 손모아장갑은 아직도 보관하고 겨울에는 따뜻하게 사용하고 있다.

눈이 좋아

　1970년에 발령을 받아 전북 부안군 주산초등학교에 근무하게 되었다. 우리 고장 부안은 우리나라에서 가장 바람이 많이 불고 비가 많이 오고 겨울에 눈이 많이 내리는 고장이다. 내가 어렸을 적에는 겨울에 눈이 많이 내려 문을 겨우 연 적도 많았다. 풍설이라고 바람이 눈을 한곳에 몰아다 쌓아 놓으면 아침에 마을 사람들이 동네마다 눈 치우기 바빴고, 간혹 술 취한 사람이 풍설이 내린 길을 잘못 들어 방죽에 빠져 죽은 일도 있었다. 그런데 교사가 되고 보니 눈이 그렇게 반가울 수가 없다. 우리 학교가 있는 주산면에는 마을마다 작은 야산이 꼭 한두 개씩 있어 눈이 많이 오는 날을 디데이로 잡아 학교 5, 6학년생을 동원하여 꿩 잡기에 나섰다. 아이들도 허벅지까지 빠지는 눈을 두려움 없이 신나게 날뛰었고, 선생님들도 모처럼 교실 먼지 속보다는 경쾌한 공기를 맡았다. 또 어느 반이 꿩을 잡나 내기를 하기도 했다. 각 반마다 마을에 있는 야산에 열댓 명씩 구역을 정해 배치하고 꿩 몰기가 시작되면 모두 소리를 지르며 꿩을 몰았다. 꿩은 무거워서 멀리 날지 못하고 가까운 야산으로 날아가는데 다시 그

곳에서 소리를 지르면 다음 산으로 날아가다 기운이 빠져 머리와 목만 눈 속에 파묻고 퍼드덕거릴 때 잡으면 된다. 그런데 꿩 잡기가 시작되면 동네 야산 주인들이 나와서 구경한다. 하필 꿩들이 산 주인을 아는지 주인이 꿩의 속내를 아는지 꼭 동네 사람들 앞에서 머리를 파묻고 잡힌다. 먼저 잡는 게 임자라며 절대 잡은 꿩을 주지 않아 결국, 눈 속에서 이리 뛰고 저리 뛰던 아이들과 선생님들은 맨손으로 학교로 돌아와야 했다. 그 하얀 눈 속에서 동심이 살아 숨 쉬고, 나이 들은 선생님들은 스트레스 해소와 맑은 공기로 그 어려운 시기를 눈 속에서 꿩 잡는 재미로 겨울을 보낸 것 같다. 지금도 그해 겨울 2년 동안 꿩 몰이 하던 기억이 생생하다.

눈이 원수야

　1975년 큰 학교에 전입하여 그 당시 학교 새마을 부장으로 임명되었다. 새마을 부장은 새마을 운동의 하나로 학교 청소, 학도애향대, 학교 수목 관리, 운동장 화단 가꾸기, 학교 환경미화를 담당하는 부서인데 지금으로 치면 학교 일을 하는 용역에 가까웠다. 그중 교장 선생님에 따라 다르지만 1975년도는 눈이 내리면 교장의 지시 때문에 새마을 부장의 주관으로 운동장과 학교 눈 치우기를 해야 했다. 그 당시 교장 선생님이 얼마나 깐깐한지 눈이 저녁때부터 내리면 집에 있던 나에게 전화해서 얼마나 내리는지 잘 조사하여 내일 아침 남교사만 동원할지, 전 교사를 동원할지 또는 6학년까지 동원해서 눈 치우기를 할지를 새벽에 판단해 비상연락망으로 동원하라고 했다. 지시가 내려오면 실제 눈 내리는 날은 밤새 잠도 못 자고 눈이 내리는 걸 점검하고 새벽에 보고하며 등교 시간 전에 동원 내용을 보고해 눈 치우기를 했다. 눈이 많이 내렸을 때는 정말 학교를 그만두고 싶었다. 눈이 적게 오든 많이 오든 남교사들은 언제나 동원이 되기 때문에 사흘 정도 아침 한두 시간 눈 치우기를 하면 남교사 반절은 몸살을 앓았고, 몇몇은 수업 중에 코피가 터지기도 했다. 눈이 많이 와서 아이들을 동원한 날은 아이들끼리 눈 치우는 도구로 장난치다 다치고, 눈 장난치다 다치며 그날은 종일 야단맞고 칭찬도 없이 어느 곳이 덜되었다고 꾸중을 듣는다. 지금 생각하면 그냥 아이들이 눈사람 만들고 눈싸움하고 눈밭에서 뛰어놀게 하지 굳이 모든 학교에서 운동장 눈은 꼭 치우게 했을까 하는 생각이 든다. 내가 교장이 되었을 때는 학교에 있는 모든 눈을 치우게 하지 않고 길만 겨우 다닐 정도로 치우게 하였다. 새마을 부장 2년 하면서 눈 때문에 고생한 일 생각하면 열대 지방으로 이민 가고 싶은 생각까지 했다. 그때 고생한 선생님들, 학생들에게 내 본의가 아니었음을 말하고 싶다.

걷어찬 복

　1999년 27년간 교사 생활로 노력해서 교감이 되었다. 전부터 해 온 운동 말고 새로운 운동을 2001년에 시작하여 몰입하며 매일 운동 연습을 하였다. 얼마나 재미가 있는지 날이 새는 줄도 모르고 연습에 맹연습을 하던 때 연수원에 계시던 선배가 나를 장학직에 추천한다며 연구사를 해 볼 의향이 있느냐고 물었다. 별생각 없이 지금 교감으로 있는 것이 좋다고 대답하고 말았다. 며칠 잊고 있었는데 연수원 원장님이 연구직에 들어올 마음이 없느냐고 묻기에 그 당시 운동에 열을 내던 때라 별생각 없이 뜻이 없다고 대답하고 말았다. 나를 생각하던 그분들의 그 마음을 배반해서 그랬는지 복을 차서 그런지는 몰라도 6년 6개월 동안 교감의 자리에서 학교 폭력이라든가 학부모들의 말도 안 되는 항의와 선생님들의 단체 활동(전교조)에 따른 어려움이 일어났다. 또 학교의 많은 일과 경영에 따른 근무의 어려움이 6년 6개월 내내 나를 지치게 하였다. 운동은 운동대로 소홀히 하였는데 그 당시 나 대신 연구직에 들어간 선생님은 승승장구해서 나보다 승진도 빨리 되고 나중에는 교직의 가장 꽃이라 불리는 교육장까지 하는 걸 보고 '아, 내가 나의 복을 스스로 찼구나.' 하는 생각을 교직에 있는 동안 가끔 했다.

첫 번째 숙직

 1971년 4월 1일 대망의 교직에 첫 발령을 받고 전북 부안군 주산면 주산초등학교에 부임하였다. 부안에서도 가장 큰 학교에 속하며 36학급에 학생 수 1,800명의 학생이 다니고 있어 첫 발령치고는 운이 좋은 편에 속했다. 그런데 제일 막내 교사라 발령받고 일주일 뒤부터 숙직을 했는데 그 당시 숙직은 교사 한 명과 학교 소사 한 명이 같이했다. 그때 학교 소사는 후문에 집이 있고 문방구를 겸하고 있어 숙직은 으레 혼자 해야 했다. 또 지금같이 전자 시스템이 경비를 하는 것이 아니라 순찰 시계를 가지고 1시간마다 여덟 군데의 주요 열쇠가 있는 곳을 다니며 순찰표에 표시해야 해서 다음 날 아침에 숙직일지에 붙여 교장, 교감 선생님의 결재를 받아야 했다. 첫 번째 숙직 날 소사는 집으로 들어가고, 처음에는 6시에 순찰하니까 8시까지는 두 번 정도 무서움을 참고 잘 돌았다. 10시가 되니까 점점 머리에 소름이 돋고 무서움을 잘 느끼지 못하는 나도조차 그 오래된 복도 삐걱거리는 소리에 뒤를 계속 돌아보며 머리칼이 섰다. 야외 화장실 문은 바람에 덜컹거렸고 그 당시에도 '파란 막대 가질래? 빨간 막대 가질래?' 하는 화장실 괴담이 있던 시절이라 화장실만 가면 소름이 돋았다. 왜 또 화장실마다 쥐가 빠져 톰방거려서 처음에는 귀신들이 장난하는 줄 알았지만 다음 날 선배 선생님이 쥐가 빠진 거란 소릴 해서 알았다. 그리고 그때는 왜 그렇게 태울 것이 많았는지 소각장에서 밤 내내 연기가 피어올랐고, 산 밑에 있는 학교라 가까운 인가는 500m 넘게 떨어져 있는 데다, 학교 본관은 일제강점기 때 나무로 지은 건물이라 건물이 을씨년스러웠다. 천장 없이 지붕 서까래가 보였으며, 중간에 교가와 창고, 숙직실, 후관 언덕에 벽돌 빨간 교사가 있었고, 주위에는 아름드리나무와 벚나무가 100여 그루나 있었다. 뒤쪽은 산인데 무덤이 수없이 많고 앞쪽은 논이 있어 오로지 혼자 그 큰 학교를 1시간마다 여덟 군데의 순찰 표시를 찍어야 했다. 또 연세 드신 분들이 오늘 숙직해 줘 하고 맡기는 일이 한 주에 두서너 번 정도 있어 막내가 함부로 거절할 수 없는 일도 있었다. 매일 밤 그 큰 학교에서 귀신과 싸우는 것이 일이었다. 그때는 학교 앰프가 있어 별수 없이 마이크를 크게 틀며 무서움을 참았다. 또 큰 쇠막대에 은박지를 감아 들고 다녀도 무서움은 더 커져 갔는데 무엇보다 별관 바로 뒷산에 서 있는 소나무들이 꼭 유령이 서 있는 모습 같고 숙직실과는 40~50m 떨어져 있어 복도를 걸어갈 때는 꼭 뒤에서 뭐가 잡아당기는 것 같았다. 한번은 튀어나온 복도 판자에 넘어졌는데 누가 꼭 잡아당겨 넣어진 것 같단 생각이 들어 그날 순찰도 다 하지 못하고 웃어른께 야단을 맞았다. 별수 없이 무서움을 쫓으려고 앰프 소리를 크게 틀었지만 멀리 있는 동네분들한테 잠도 못 자게 한다고 항의를 듣곤 했다. 그때 그 큰 학교 숙직에서 보이지 않는 귀신과의 싸움이 나를 강해지게 하였다.

이것은 실화다

　1986년 안양 호원초등학교에서 근무할 때다. 주무관 한 명과 숙직실에서 숙직하며 TV를 시청하고 있었다. 그 당시는 학교에 도난이 많아 숙직을 철저히 했다. 12시쯤에 가끔 교장 선생님이 수시로 전화하여서 한 사람은 꼭 깨어 있어야 했다. 그 당시 주무관은 아는 것도 많고 구수하게 입담도 좋은 충청도분이었는데 나하고는 죽이 맞아 숙직할 때는 저녁내 이야기꽃을 피웠다. 그날도 12시가 넘어 이제는 전화가 안 오겠지 하고 둘이 이불을 펴고 드러누웠다. 낡은 숙직실이라 벽에 붙은 전선이 다 보이고 전깃줄도 천장에 다 늘어져 있었는데, 갑자기 벽 쪽에 있는 전선에서 불꽃이 튀었다. 얼마나 놀랐던지 물을 뿌리려 하는데 주무관이 "물을 뿌리면 안 돼요. 베개로 누르세요. 나는 차단기 내리러 갈 테니."라고 하며 나갔다. 나는 베개로 불꽃이 나는 전선을 눌렀는데 그래도 지지직하며 타는 소리가 났다. 결국, 참지 못하고 베개로 때리며 "빨리 차단기 내리세요!" 소리쳤다. 불꽃 튀는 소리가 나 이젠 죽는구나 싶었을 때 차단기가 내려졌는지 불이 꺼졌다. 불도 안 들어오는 방에서 둘이 손전등으로 비추며 밤새 잠도 못 자고 날밤을 새웠다. 만일 잠잘 때 누전이 되었으면 우리는 불고기가 되었을 거란 말을 하며 놀란 가슴을 쓸어내렸다.

그때 그 시절

 1971에 초임 교사로 발령을 받아 초등학교에 교사로 근무하게 되었다. 큰 학교에 발령을 받으니 막내라고 모든 업무를 맡아서 하다가 견딜 수가 없어 2년 만에 우리 옆 마을에 있는 작은 초등학교로 옮기게 되었다. 거기는 친동생들이 다니고 있었다. 그런데 거기도 연세 든 선생님만 있어 모든 일을 도맡아 하게 되었는데 1972년 당시 4월부터 획기적인 일이 생겼다. 바로 KBS 연속극 〈여로〉가 방영된 것이다. 그런데 그와 함께 〈여로〉 때문에 악연이 세 번이나 겹쳐 〈여로〉는 지금도 나한테 떼려야 뗄 수 없는 인연의 연속극이 되었다. 그 첫 번째가 막내다. 또 집에서 자나 학교 숙직실에서 자나 매한가지라 숙직을 도맡아 하며 숙직비로 용돈을 했는데, 집에는 TV가 없어 〈여로〉를 보기 위해 매일 학교에서 숙직을 하고 새벽에 집으로 가서 밥을 먹고 다시 학교로 출근을 했다. 그 당시 〈여로〉가 얼마나 인기가 좋았는지 드라마가 시작되면 밖에는 한 사람도 다니지 않고 모두 TV 있는 집으로 가서 〈여로〉를 보며 눈물을 짜고 다음 날에 여러 이야기를 하였다. 그때는 새마을 운동이 시작된 때라 학교에는 앰프를 설치하여 노래도 틀어 줘서 교사 지붕에 큰 스피커를 달아 조회 시간에도 활용하곤 했다. 그런데 도둑들이 〈여로〉 방영 시간에 모든 국민이 시청하고 있으니 그 틈을 이용하여 학교와 마을을 돌아다니며 도둑질을 했는데 그 대상이 학교 스피커와 앰프였다. 바로 내가 근무하는 학교에서 내가 숙직하는 날에 앰프와 스피커를 도둑맞아 1년 치 숙직비를 모두 들여 변상해 놓았는데 몇 달 뒤에 다시 또 도둑맞았다. 그 당시 봉급이 2만 8천 원 정도였는데 앰프와 스피커 가격이 12만 원 정도였다. 두 번이나 당하고 나니 연속극이 원망스러웠지만 안 볼 수 있나. 〈여로〉 인기 때문에 도둑들이 얼마나 설쳐대는지 부안 모든 학교에서는 앰프와 스피커를 도둑 안 맞은 학교가 없었다. 두 번째 악연은 그 당시 6학년을 담임하고 있었는데 학생들도 모두 〈여로〉를 시청하던 때라 영구 흉내를 내며 "색띠야, 색띠야." 하며 영구 발음으로 남자 애들이 여자 애들을 놀렸고, 또는 "찾았다. 찾았다." 하며 저희끼리 부둥켜안는 장난을 했다. 그때 키 큰 영근이가 정자를 좋아했는데 장난인 것처럼 "색띠야, 색띠야." 하고 쫓아다니다 정자가 참다 참다 "내가 왜 네 색시야!" 하고 영근이의 목을 세게 졸랐다. 영근이가 죽었다고 해서 가 보았더니 기절해 있어서 얼마나 놀랐던지. 그 당시 〈여로〉 장난친 남학생들에게 벌을 심하게 주었다. 세 번째는 사택과 숙직실이 한 동으로 양쪽이 나뉘어 있었다. 그 당시 교장 선생님께서 편찮으셨는데(폐결핵 4기) 같이 〈여로〉를 보다 멀리 떨어진 야외 화장실을 가셨다. 모두 〈여로〉를 보느라 끝날 때까지 안 오신 걸 몰랐다가 나중에 방송이 끝나고 모두 돌아가는 길에 교장 선생님이 탈진하여 쓰러진 것을 알고 사택으로 모셨다. 결국엔 앓으시다 돌아가셨다. 또 하나 지금까지 〈여로〉를 잊지 못하는 것은 교대에 들어갈 때 음치 때문에 못 들어갈 뻔했는데 〈여로〉 노래만큼은 1972년부터 지금까지 흥얼거려 나의 18번이 되었으며 지금도 내 딴에는 잘 부른다고 어디 가면 부르고 있다.

나도 스타다!

♦♦♦

  1986년 EBS 교육 방송에서 출연 요청이 왔다. 방송은 처음이라 다른 교사들에게 자문했으나 방송 출연한 교사가 없었다. 주제만 받고 학생 두 명과 같이 EBS로 갔는데 너무 안색도 안 좋고 떨어서 같이 간 학생이 "선생님이 그러니 나도 떨려요."라고 했다. PD를 만나 설명을 들었는데, 도무지 못 할 것 같다고 했더니 편안히 하라고 한다. 무슨 말을 하는지 생각도 안 나고 어떻게 방송을 마쳤는지도 모르게 끝나 버렸다. 다시는 방송 안 하겠다고 다짐했지만 그 뒤 몇 번의 교육 방송 의뢰가 와서 했다. 생각보다 방송이 어렵고 힘들었다. 또 〈시니어 토크쇼 황금연못〉에 출연하면서 〈무엇이든 물어보세요〉에도 출언하고 KTV에도 출연했다. 전국적 인지도가 생겨 속초 대회에 나갔다 오는 길에 휴게소에 들렀는데 관광버스에서 내린 많은 분이 나를 보더니 〈황금연못〉에 출연하는 분이라며 알아봤고 어떤 분은 내 이름까지 알고 있어 놀랐다. 또 베트남 관광차 갔을 때도 식당에서 한국에서 오신 분들이 모두 〈황금연못〉 출연자라며 인사를 해 왔다. 8년째 출연하고 있는 〈황금연못〉의 시청률에 놀라고 있으며 지금도 마스크를 하고 다니는 데도 알아보는 분들이 많았다. 심지어 철인 대회에 나갔을 때 외국 선수도 "오, 황금연못."이라 말해서 깜짝 놀랐다. 조카 결혼식에 가서도 사돈어른이 〈황금연못〉 나오는 분이 여기에 웬일로 오셨냐고 하길래 조카 결혼이라고 했더니 좋은 프로라 잘 시청하고 있다고 하며 인사를 극진히 받았다.

.

겨울 건강

열이 많은 나는 겨울이 되면 두드러기가 많이 나서 힘들다. 난방을 해야 하는데 난방을 하면 땀이 조금만 나도 그 자리에 두드러기가 나서 가려웠다. 이불은 덮고 잘 수도 없고 결국은 옷을 홀랑 벗고 자야 했는데 집에서는 아내와 둘이 자니 큰 문제가 될 것은 없지만 여러 사람과 같이 잘 때는 어쩔 수 없이 겨울이라도 가장 추운 곳을 골라 잠을 잤다. 옷을 벗지 않으려고 잠을 못 자는 경우도 있었다. 겨울에도 될 수 있는 대로 냉수로 목욕하고, 어떤 때는 겨울에 여름옷을 입는 경우도 있었다.

1992년에 학급 수가 너무 많은 학교에 발령을 받아 교실이 부족했다. 옥상에 천막 교실을 만들어 6학년을 1년 가르치다 시멘트 녹에 중독되어 만성 비염이 생겼다. 각종 알레르기 피부병이 생기어 고생하다 염수선 요법 즉 소금물 건강이 좋다는 기사를 보고 그때부터 큰 주사기를 사서 염화나트륨 용액보다 짙게 타서 주사기로 콧속 깊숙이 소독했다. 이도 소금으로 닦고 헹구며 목욕할 때마다 가는 소금으로 먼저 몸을 문지른 뒤에 샤워를 했다. 특히 세수는 죽염 생활 소금으로 가볍게 타서 하면 얼굴과 몸에 생기가 돋고 상처나 피부병도 쉽게 나았다. 또 몸이 피곤한 겨울철에는 뜨거운 물에 소금을 약간 풀어 족욕을 하면 피곤이 쉽게 가시고 건강에 무척 도움이 된다는 것을 느꼈다.

장난으로 시작한 거짓말

 1971년 모교인 주산초등학교에 첫 발령을 받았다. 어린 나이에 발령을 받아서 그런지 모든 학교 일에 서툴러서 그 당시 교감 선생님 책상 위에 있는 성적 그래프와 육성회비 그래프에 전교 36학급 둘 다 3학년 2반인 우리 반이 꼴찌를 기록했다. 3월 말에 교장실에 불려 가서 호되게 혼이 났다. 가장 막내고 열성이 있어 기대하고 있었는데 이것뿐이냐고 한 시간은 넘게 눈물이 쏙 빠지도록 혼이 났다. 또 환경 심사와 실외 청소에서도 꼴찌를 기록하여 선생이라는 것이 어렵다는 것을 느꼈다. 그 이유는 3월 한 달 내내 우리 반 아이들과 노는 데만 익숙해서 공부고, 육성회비고, 청소고 게을리해서 그런 결과가 나온 것이다. 4월 1일부터는 확실히 잡아서 한번 해 보리란 마음에 오전 수업하고 똑똑한 아이들 몇 명에게 야외 화장실 뒤에 있는 화단을 깨끗이 청소하라 시키고 집에서 가져온 도시락을 먹었다. 오후에 출장을 가기 때문에(그때 맡은 업무가 회계) 가방을 메고 청소 점검하러 갔더니 모두 도망가고 없었다. 우리 실외 청소 담당 구역이 너무 더럽고 큰 흙덩이가 많았다. 마침 야외 화장실 뒤쪽에 큰 구멍이 나 있길래 그곳에 흙덩이와 쓰레기를 넣고 출장을 가려고 했다. 그런데 고학년이 지나가다 변소에서 뽀글뽀글 공기 방울이 올라온다고 하는데 차마 내가 흙덩이를 넣었다고는 말 못 하고 "뭐가 빠졌나 봐."라고 거짓말을 하고는 급히 출장을 갔다. 출장을 마치고 학교 입구에 오니 구린내가 진동했다. 학교에 도착하니 교감 선생님이 빨리 화장실(그 당시는 변소)에 가 보라고 했다. "무슨 일이데요?"라고 했더니 화장실에 사람이 빠졌다고 애들이 신고해서 지금 순경이 화장실의 오물을 퍼내고 있다고 했다. 가서 보니 도랑을 운동장 가장자리로 파서 변물이 폭포수같이 흐르고 있고, 남선생 여선생 할 것 없이 12칸이나 되는 화장실 오물을 퍼내느라 정신이 없었다. 아무리 만우절 4월 1일이라도 '내가 흙덩이를 넣어서 그렇습니다.'라고 하기에는 이미 너무 늦었다. 또 공부, 육성회비, 환경 정리, 청소 꼴 등 학급 담임인 내가 흙덩이를 넣어서 이 결과가 생겼다는 것을 교장, 교감 선생님이 알면 몇 년이고 찍혀 교사 생활이 어려워질터 아무 소리 못 하고 열심히 일하는 척했다. 좀 줄어들어서 큰 장대로 휘저어도 아무것도 걸리지 않자 나의 '무엇이 빠졌나 봐.'란 거짓말은 구린내를 풍기는 해프닝으로 끝났다. 그 거짓말 한마디로 온 학구가 소동이 일어나고 지독한 구린내가 한 달 동안 학교를 뒤덮었다.

하얀 거짓말

2004년 평촌 교감으로 있을 때 교장 선생님께서 출장을 가고 느긋하게 오후 휴식을 즐기며 퇴근 준비를 하고 있는데 갑자기 선생님 한 분이 뛰어 들어왔다. "2학년 3반에 불났습니다."라고 하여 총알같이 2층에 있는 2학년 3반으로 올라가니 복도와 교실이 연기로 자욱하였다. 몇 번의 학교에서 불난 경험이 있으므로 창문을 열지 말라고 하고 복도나 교실에 있는 소화기를 모두 가져오라고 지시하였다. 어딘지도 모르지만, 냅다 소화기를 틀었다. 한참 후 보니 불꽃은 보이지 않아 창문을 열고 조심조심 들어갔다. 다행히 큰불은 아니고 천장에 매달린 선풍기가 계속 돌다 불꽃이 일어나며 교실 바닥 장판 비닐에 불똥이 붙어 연기가 심하게 난 것이었다. 빨리 복도의 모든 창문을 열고 연기를 빼고 있는데 교무부장이 "교감 선생님! 119에 불났다고 전화했어요!" 하는 것과 동시에 소방차 사이렌이 먼 곳에서 들려왔다. 선생님들께 빨리 모든 창문을 열고 연기를 빼라 하고 나는 부리나케 학교 뒤편에 있는 정문으로 뛰어가서 문을 잠그고 밖에서 소방차를 맞이했다. 잠시 뒤 소방차 두 대가 도착하며 "문 열어 주세요. 불났다고 신고받고 왔어요." 하기에 "불이요? 안 났는데요. 소방용 초인종이 오작동으로 울려서 그래요."라고 말했다. 그러자 "아, 지금 연기가 올라오는 그것이 안 보여요?" 하기에 "아 저건 소각장에서 쓰레기 태우는 것이에요."라고 했다. 소방관들이 누구냐고 물어 교감이라고 했더니 거짓말 아니냐고 하는 것이다. "교감이 거짓말하겠어요? 전 거짓말 한 번도 한 적 없습니다." 했더니 "아무튼 신고가 들어왔으니 내일 행정실장과 같이 소방서로 와서 진술하세요."라고 하고 소방차 두 대는 돌아갔다. 만일 학교에 불이 났다고 하면 다음 날 그 반은 현장을 보존하느라 공부를 못 하게 되기 때문에 거짓말을 한 것이다. 그날 밤 내내 남선생과 몇이 함께 교실을 깔끔하게 색칠하고 그을음을 없앴다. 출장에서 돌아온 교장 선생님께서 무슨 일이 있느냐고 묻기에 또 아무 일도 없다고 거짓말을 했다. 다음 날 소방서에 가서 절대 불난 것이 아니라고 거짓으로 말하고 아무 일도 없는 것같이 무사히 넘어갔다. 그 선풍기 불은 담임이 오전 수업 마치고 출장을 가면서 애들에게 청소 끝나고 문단속하고 가라고 했는데 선풍기를 끄지 않고 간 것이다. 그 선풍기가 오전부터 오후 5시까지 무리하게 계속 돌면서 불이 난 것이었다. 그 뒤 소방 훈련을 한다며 비상으로 불시에 대피 훈련을 하였다. 그 불 덕분에 우리 학교가 소방 우수 학교로 선정되어 표창을 받았다. 만일 그때 불이 났다고 진실을 말했다면 2학년 3반은 교실 없이 공부를 일주일간 해야 했으며 학교에도 문책이 떨어져 교장 이하 담임과 나까지 징계를 당했을 것이다. 어쩔 수 없이 거짓말을 했지만 다행이 사건은 무사히 넘어갔고 그날 저녁 내내 교실 페인트칠에 동원된 교사들에게 감사한 마음을 전하고 싶다.

이제는 말할 수 있다!

　1978년 전북 부안 석계초등학교로 주산초등학교에서 전보되어 이동하게 되었다. 석계초등학교는 우리 마을과 학구가 겹쳐 많은 학생들이 그 학교에 다니고 있었고 그중에는 사촌 동생, 5촌, 외사촌 등 우리 마을 학생들이 50여 명이 다니고 있었다. 그중 내 막냇동생이 6학년에 다니게 된 때인데 석계로 전보되면서 막냇동생이 있는 6학년 남자반은 맡지 않게 해 주십사 미리 말씀드렸다. 그런데 3월 2일 학교에 출근해서 보니 6학년 남자반 담임 교사로 배정되어 있었다. 그 반에는 내 막내아우와 고종 사촌 동생, 우리 마을 학생 10여 명과 다른 마을에서 온 친구 동생 서너 명 등 모두 아는 애들이라 첫 만남부터 난감하기 이를 데 없었다. 특히 지금까지 막내는 나한테 큰형 큰형 했는데 이제부터는 집 이외에는 선생님이라 불러야 했고, 동네 아이들도 모두 형이라 부르고 친구 동생들도 형이라 불렀는데 이렇게 마주치니 서로가 당황하기는 마찬가지였다. 그런데 문제는 형이나 호칭 문제가 아니었다. 김종찬이라는 친구 동생과 우리 마을 최홍렬과 내 동생이 삼파전이 되어 모든 대회에서 경쟁하게 된 것이었다. 그 당시 수학 경시 대회, 글짓기 대회, 고전 읽기 대회, 사생 대회 등은 학교에서 한두 명 선발하여 대회에 출전시키는데 세 명이 비슷하여 한 명을 출전시킬 때는 거짓으로 성적을 조작해야 했다. 수학 경시 대회는 김종찬을 출전시키고, 고전 읽기 대회는 내 동생인 박현일 그리고 글짓기 대회는 최홍렬을 학교 대표로 출전시켰지만 정작 졸업식 때 대외상에 문제가 있었다. 그 당시 졸업식 때 다른 상은 문제가 없지만 교육장상은 졸업생 중 최고 성적이 좋은 학생이 받는데 모든 6학년 학부모와 학교 학생들, 선생님들 또 학구 내 사람들까지 올해는 누가 교육장상을 받는지가 초미의 관심사였다. 그래서 선발 규정을 만들어 점수화해서 그해 최고 점수자에게 교육장상을 주는데 세 명 중에서 내 동생이 가장 점수가 높아 교육장상을 받을 수 있었다. 모든 사람이 생각하기에 담임 동생이니까 틀림없이 상을 주었을 것이라는 생각을 할 수 있어 어쩔 수 없이 점수를 거짓으로 조작해서 친구 동생인 종찬이에게 교육장상을 주고, 내 동생한테는 너의 점수가 조금 모자라서 이번 교육장상을 받을 수 없다고 말했다. 동생은 졸업식 날에 웃지도 않고, 끝나고도 한 달은 나와 말도 하지 않았다. 지금은 잘되어서 양평군 의원으로 활동하고 있지만, 그때 교육장상을 주지 못한 걸 생각하면 지금까지도 미안한 마음이다. 지금에야 그때 진짜 교육장상은 너라는 것을 말하고 싶다.

잊을 수 없는 나의 제자

　1985년 호원초등학교에서 6학년을 담임했을 때이다. 교실이 부족하여 옥상에 가건물을 지었는데 맨 시멘트 바닥에 창문도 없었다. 또 천장이 낮아 겨울에는 너무 춥고 여름에는 너무 더운 최악의 교실에서 수업을 했다. 학생 수가 60명 정도라 한 시간만 공부해도 정신이 혼미할 정도로 먼지와 악조건 속에서 공부하던 그때, 교직 생활 43년 지금도 기억에 남는 제자가 있다. 김미희, 반장을 하며 가장 일찍 학교에 와서 교실과 좁은 통로 복도를 청소하고 칠판에 가득 아침 자습을 명필로 써서 아침 시간에 전교에서 가장 조용한 학급과 공부하는 학급을 1년 동안 계속 만들었다. 담임이 없을 때는 반 학생들을 훈련하여 직접 수업하게 하고, 말썽 피우는 남학생은 하나하나 불러 엄마가 타이르듯 올바르게 지도했다. 조공 책을 만들어 조별로 일사불란하게 반 어린이들이 학급 일에 협조하게 하였으며 1인 1활동으로 맡은 바 역할을 하였고, 체육 수업이 끝난 때는 꼭 운동장을 몇몇이 돌며 청소하게 해 항상 깨끗한 운동장이 되었다. 학교 일을 많이 맡아 하는 담임을 대신하여 즐겁고 솔선하고 또 공부 잘하는 학급으로 만든 김미희 학생은 그 뒤 관양여중에 1등으로 입학하여 지금은 변리사가 되어 활동하고 있다.

교장 선생님께

　가평 분교에서 6년 동안 살다 시골 물이 듬뿍 들어 안양으로 전입했을 때 교장 선생님을 만났습니다. 경기도에서 거목이신 교장 선생님을 뵈었을 때 주눅이 들었지요. 그런데 그 당시 전셋집을 얻으려 공제회에서 대부를 받으려 했으나 교장 선생님이 모두 받아 가서 저는 못 받았지요. 또 서열이 제가 더 높고 나이도 더 많았는데, 제 후배한테 부장을 주시고 저에게 하는 말이 "너는 체육을 못하니까 그랬다."라고 하셨습니다. 어찌 선생들 개성 특기도 모르시면서 그 당시 교장 선생님의 후배들만 챙기셨는지요. 그리고 숙직실 누전으로 불날 뻔해서 잠들었으면 저와 주무관이 죽었을 텐데도 미안하다는 말씀도 없으셨죠. 주무관이 숙직실에서 잘못되어 제가 혼자 뒤처리를 다 했을 때도 수고했다는 말을 듣지 못했습니다. 교장 선생님과 인연이었는지 악연이었는지, 교장 선생님께 몇 번 화낸 것 죄송하게 생각합니다. 그래도 교장 선생님의 지도를 잘 받아서 저도 관리자의 길을 갈 수 있어서 고맙다는 인사를 드리고 싶습니다. 교장 선생님 덕분에 강한 인간이 되었으니까요.

집단 휴가

　울릉도 휴가를 교감단이 가서 울릉도와 독도를 감상하고 마지막 날 오후 4시에 출발한다고 했다. 울릉도에 왔는데 그래도 성인봉을 갔다 와야지 하고 성인봉 등산이 몇 시간이나 걸리냐고 물으니 왕복 4시간에 걸린다고 했다. 11시쯤 출발하면 충분히 갔다 오겠구나 싶어 가방을 친구한테 맡기고 혼자 성인봉에 올라갔다. 그런데 날씨가 갑자기 흐려지며 비가 오기 시작했다. 그래도 갔다 와야지 하며 뛰다 걷다 하며 성인봉 정상까지 올라가서 시계를 보니 2시간이 지나 있었다. 이거 배 떠나는 시간에 못 가겠구나 하고 내려가는데 길을 잘못 들어 숲속을 혼자 헤맸다. 간신히 길을 찾았지만 길은 미끄럽고, 비는 내리고, 마음은 급해졌다. 도무지 배 떠나는 시간까지 갈 것 같지 않았지만 그래도 민폐를 끼치기 싫어 정신없이 내려가는데 점점 몸은 만신창이가 되었다. 넘어지고, 가시에 긁히며 빗속에서도 땀이 비 오듯이 났다. 겨우 도동항에 오자 모두 눈이 빠지게 나를 기다리고 있었다. 출발 1분 전에야 겨우 도착해서 모두 승선하고 막 디딤판을 옮기는 중에 간신이 탑승하였다. 같이 휴가 간 모든 교감 선생님들의 따가운 눈총을 받으며 한쪽 구석에 있었다. 2시간쯤 달리자 너울성 파도 때문에 다시 울릉도로 돌아가야 한다는 선장님의 방송에 이어 배를 돌려 울릉도로 돌아왔다. 하룻밤을 숙박지도 없이 굴비 엮듯이 쪽잠을 자고 다음 날 출발했는데 원망이 나한테 집중되어 미안했다.

도시락의 추억

 도시락 하면 일화가 많아 정말 이가 갈린다. 2001~2002년에 안양 석수초등학교에 교감으로 재직할 때 학교가 커서 교감이 둘 있었다. 내가 늦게 가서 한 분은 교무 교감, 나는 생활 담당 교감으로 생활 지도와 급식을 담당했다. 안양시 36학교에 급식실이 있었는데 석수초등학교는 급식실을 지을 장소가 없어 외부 업체에 도시락을 배달해서 먹었다. 80여 학급에 학생 4,000명이 넘는 학교에 급식이 없는 1, 2학년을 빼고 매일 도시락 3,000여 개를 배달시켰다. 그뿐만 아니라 그때는 무상 급식이 아니어서 급식비를 낸 학생은 급식을 먹고 나머지는 도시락을 싸 와서 먹었는데 매일 전쟁 아닌 전쟁을 치러야 했다. 특히 도시락이 늦게 오는 날은 아우성이 일어나고, 반 표시를 잘못해서 다른 반으로 가는 경우도 있고, 반찬이나 밥이 부실하여 먹지 않는 학생들도 많았다. 더구나 도시락 공장 조리기에 문제가 생겨 며칠씩 빵으로 대체식을 줄 때도 있었다. 또 매일 담임 한두 명씩은 도시락에서 이물질이 나왔다고 교무실로 쫓아왔다. 아침부터 그 많은 도시락을 싸니 점심때는 모든 음식과 밥이 굳어져서 먹기가 여간 곤욕스러웠다. 당시 교장 선생님은 문제만 있으면 불같이 화를 내며 "교감 선생님, 뭐 하고 있어요. 먹는 것이 제일 중요하니 도시락 공장에 가서 살펴봐요." 하며 나를 보냈고, 도시락 공장에 가도 들어가지도 못하게 하여 학부모들 항의는 계속 빗발쳤다. 그 당시 도시락 때문에 살아 있는 것이 신기했을 정도였다. 먹는 것이 중요한데 매일 도시락 때문에 전쟁 아닌 전쟁을 치러서 학교 가기가 싫은 날이 많았다. 그렇게 2년 반을 보내고 그 뒤 교무 교감이 되어 도시락을 벗어났지만 바로 급식실이 지어져 학교에서 급식을 하게 되었다.

기상천외 도시락

 1993년에 6학년 학생들을 데리고 군포 수리산 병목안으로 소풍을 갔다. 6학년이 10반까지 있으며 그 당시 6년 부장을 맡아서 전체 감독을 해야 하는 처지였다. 출발 때부터 관광버스 10대가 늦게 와 신경이 곤두서 있었는데 병목안에서 수리산을 거쳐 명학역까지 6km를 산행하는 일정이라 한 사람이라도 다치면 안 되어 뛰어다니며 10개 반과 담임을 통솔했다. 그 중간인 찬우물 근처에서 반별로 점심을 먹게 되어 학교에서 마련해 준 도시락을 펼쳐 둔 순간 싸 온 도시락이 너무 부실해 힘듦과 피로가 몰려왔다. 점심 먹고 싶은 생각이 싹 달아나고 도시락을 덮었더니 한 학생이 "엄마가 도시락을 두 개 싸 주셔서 하나는 선생님 드릴게요." 하며 주는데 열어 보니 생전 처음 보는 밥이었다. 반달 모양으로 가운데가 둥그렇게 만두를 반절 잘라 놓은 것같이 생겼는데 지금까지 그런 것은 한 번도 본 일이 없는 음식이었다. 궁금도 하였지만 다른 선생님께 여쭤볼 수도 없어 뭘까 생각하며 하나를 먹었다. 순간 '야, 이렇게 맛있는 밥도 있구나. 새콤달콤하며 겉은 부드럽고 씹는 맛도 있고. 이런 음식도 있었어! 세상 오래 살고 볼 일이네!' 하며 정말 식욕이 살아나 눈 깜짝할 사이에 다 먹어치웠다. 집에 와서 아내에게 정말 맛있는 도시락을 먹었다고 말했다. 아내가 뭘까 생각하다가 "아! 유부초밥?" 하기에 "그래! 그것!" 했더니 그 뒤로 상당 기간 내 도시락에 유부초밥을 싸 주었다. 유부초밥 덕분에 한 달 뒤쯤엔 체중이 늘어 결국 사양해야 했다.

꼭 먹고 싶은 도시락

 양철 도시락에도 빈부가 있었다. 잘사는 집 아이들의 밥은 쌀밥이 많았고, 가난한 집 아이들의 밥은 꽁보리밥이거나 감자나 옥수수밥이었다. 잘사는 집 아이들의 반찬은 콩자반이나 멸치볶음이나 노란 단무지가 나왔고 심지어 달걀부침도 있었다. 가난한 집 아이들의 반찬은 대개가 김치였다. 국물 질질 흘러 밥의 반쯤은 김칫국물로 적셔 있다. 그리고 몇몇 아이들은 고추장을 반찬으로 싸 와서는 밥에 섞어 도시락을 힘차게 흔들어 고추장 비빔밥을 만들어 먹기도 했다. 양철 도시락 추억의 백미는 아무래도 겨울에 난로 위에 밥을 데우던 정경이 아니랴. 3교시 시간이 끝나면 아이들은 도시락을 난로 위에 얹기 시작했다. 난로 위에 수북이 쌓아 올린 도시락에서 나오는 밥 누는 냄새와 김치 익어 가는 냄새는 짙은 향기처럼 달콤했다. 공부하기 싫은 아이는 도시락 당번을 자청했다. 밑에 있는 도시락과 위에 있는 도시락을 교대시켜 주는 일이다. 자칫하면 제일 밑에 있는 도시락은 누룽지가 되다 못해 타 버리기 일쑤였기 때문이다. 1973~1977년은 5년간 내리 6학년 담임을 했다. 당시는 중학교 입학 때 배치 고사가 있어 어느 학교 학생이 배치 고사 1등인가를 담임의 평가 기준으로 삼기 때문에 무척 신경을 쓰던 시기였는데 시골 학생들이라 도시락 사고가 많이 일어났다. 4교시가 체육 시간이라 3교시부터 화목난로에 도시락을 놓고 당번을 두 명 남기고 갔는데 당번이 교실을 비워 아래 있는 양철 도시락이 새까맣게 타서 못 먹은 일도 몇 번 있었고(담임인 내 도시락은 가장 밑에 놓아 완전히 탐) 또 공문이 바빠 교무실에 간 사이 장난치다 도시락을 모두를 떨어뜨려 점심을 굶은 일도 있었다. 또 말썽꾸러기 당번들이 다른 사람 도시락을 밑에서 파먹고 감쪽같이 뒤집어 놓아 말썽이 나고, 김치만 밥에 올려놓고 온 도시락 몇 개가 뜨거운 화목난로 밑에 있으면 김칫국물이 흘러 교실에 온통 퍼진 김치 냄새에 학생들이 빨리 도시락 먹자고 난리다. 그때 5년간 난로에 데워 먹던 도시락이 얼마나 맛있던지 가끔 꿈속에 그 광경이 떠오른다.

끝 사랑

 이걸 끝 사랑이라고 해야 할지 모르겠지만 아무튼, 1973년 5학년 여자 반을 담임했는데 키가 크고 나이가 많은 여학생이 몇 명 있었다. 그중 최금자라는 학생은 16살이라 22살인 나와 6살밖에 차이가 나지 않았다. 내가 무슨 일을 하면 도와주고 계속 내 옆을 빙빙 돌며 웃는 모습이 매우 예쁘고 인상적이었다. 수업 시간에 나를 그윽한 눈길로 자주 바라봤고 공부 시간에도 나만 넋 놓고 바라보고 있어 당황한 적이 한두 번이 아니었다. 다음 해 6학년 때는 다행히 여자반은 강 선생이 맡고 나는 남자반을 담임하게 되었다. 그런데 6학년 2학기가 되자 금자는 키도 크고 숙성해져 예쁘게 보였다. 또 기회만 있으면 우리 교실에 놀러 와 다정히 굴었고 매일 편지를 보냈다. 심지어 일직 때는 학교 와서 종일 놀고, 일주일에 한 번씩 돌아오는 숙직 날이면 꼭 친한 친구와 같이 먹을 것이나 저녁밥을 싸 가지고 와서 놀다 갔다. 그 당시는 선생님들도 도시락을 싸 가지고 갔는데 자기 반찬을 나에게 전부 주었고, 그때는 담배를 즐겨 피우던 때인데 돈이 어디서 나는지 담배를 사다 주기도 했다. 손수건에 수를 놓아서 주는 등 온통 학교생활이 내 주위를 맴도는 것으로 되어 있었다. 우리 반에 금자가 졸업하면 선생님과 결혼할 것이라는 소문이 났는데 그때 나는 순수한 마음으로 금자를 좋아했다. 내가 1년을 가르쳤고, 다른 학생들이 못 하는 일들을 도와주었으며, 또 기분이 언짢은 일이 있어도 금자가 애교 부리고 웃는 모습을 보면 풀어져서 같이 웃고 떠들었다. 그런 날이 많아지자 우리 둘만 모르고 학교 학생들, 선생님들 또는 동네 학부형들까지도 수군거리며 너무 가까이 지낸다고 소문이 크게 났나 보다. 어느 날 교장 선생님이 부르기에 갔더니 학부모들 몇과 금자 아버지가 찾아와서 이상한 소문이 있다고 조심하라고 말하며 아무리 제자와 선생 사이지만 그것도 남자와 여자 관계니 조심하는 게 좋다고 주의를 시켰다. 나는 그냥 "금자가 예뻐서 가깝게 지냈는데 이젠 조심하겠습니다."라고 했지만 금자는 맹목적으로 내 주위만 맴돌고 더 적극적이었다. 그런데 전 학교에서도 육상부를 지도하다 나를 좋아하는 유공이라는 여학생이 노골적으로 소문을 내서 혼난 일이 있었다. 또 학생과 문제가 있으면 안 되겠기에 금자를 불러 지금은 아니다, 너는 중학교도 들어가야 하고 나이도 아직은 이르다고 했으나 그냥 선생님이 좋아서 잠도 안 오고 선생님 생각만 난다고 하여 우선 공부를 열심히 하여 고등학교 졸업한 뒤 만나자고 잘 말했다. 그 뒤부터는 같이 만나지 않았다. 6년 뒤 내가 가평으로 근무지를 옮겨 아직 금자 소식을 모르고 있다.

사투리 열전

　전북에서 8년을 초등학교에서 근무하다 1979년에 경기도로 올라와서 5학년을 담임했다. 그때 사투리 때문에 정말 학부모로부터 항의도 많이 들었고 학생들과 웃지 못할 기억도 많다.
　거시기를 너무 많이 써서 '거시기 선생'으로 불린 것은 두말할 필요도 없다. '맞는가', '틀린가'를 묻는 말을 전라도에서는 '기여', '안 기여'라는 사투리를 쓰는데 나도 몇 번 쓰다 정말 학생 몇 명이 웃다 교실 바닥을 기는 사태가 벌어졌다. "깨 방정 떨지 말고 꼬꼬지 앉아 있어(촐싹대지 말고 바르게 앉아 있어)."라는 말을 학생들이 잘못 알고 한 명이 책상 위로 올라가자 모두 모두 책상 위로 올라간 웃지 못할 일도 있으며 떠드는 학생에게는 "따따부따 징하게 씨월씨월 해쌓네(너무 수다스럽게 말한다)."라고 해서 그 학생이 집에 가서 선생님이 욕했다고 해 학부모가 항의한 일도 있었다. 상담할 때는 "집의 아그 대갈빡이 겁나게 야무지요(머리가 영리해요)."라고 하자 무슨 말인지 눈만 껌벅이는 사태가 벌어져서 설명을 다시 해야 했다. 그 뒤 표준말을 쓰려고 노력했으나 지금도 사투리가 나도 모르게 나온다.

뒤통수 맞았던 일

 15년 전 여름 방학이 시작되어 스카우트 대원 78여 명을 데리고 강원도로 현장 체험 수련을 가게 되었다. 그때 교장 선생님께서 학생들이 물에 들어갈 때는 무릎 이상으로 들어가면 안 된다는 당부를 받고 수련 활동을 했다. 고성 쪽을 견학하고 경포대 해수욕장에 왔다. 그때 스카우트 선생님들이 날씨가 너무 더우니 해수욕을 시키자고 하는데 교감인 내가 인솔 책임자라 허가를 안 할 수 없는 형편이었다. 학생들을 해수욕장에 풀어놓고 선생님 몇 분을 요소요소에 배치하였으나 학생도 많고 해수욕객도 많아 누가 누군지 분간을 못 할 지경이었다. 나는 그래도 수영을 잘해 목까지 차오르는 물에서 세심히 관찰하던 중 큰 파도가 덮쳐 와서 우리 학생들 몇 명이 허우적거렸다. 빨리 헤엄쳐 가서 낮은 곳으로 밀어내고 보니 파도에 밀려 나간 여학생 하나가 허우적거리고 있었다. 가는 시간이 있어 구조가 늦어졌다. 물을 많이 먹은 상태라 그때는 구조법을 몰라 입에 손가락을 넣고 무릎을 세워 물을 토하게 한 다음에야 겨우 정신을 차렸다. 그런데 하필 학부모 몇 명이 보조 교사로 따라 왔는데 그중 한 명의 학부모의 자녀였다. 그 학부모가 오더니 애들 죽이려고 해수욕을 시켰다며 삿대질을 하고 나에게 패악을 부렸다. 상황이 그런지라 나는 그저 죄송하다는 말밖에 할 말이 없었다. 그 학부형은 분이 안 풀리는지 자기 딸을 데리고 간다며 가 버렸다. 그 뒤 학교에 와서 교장 선생님께 위험한 곳에서 물놀이를 시켰다가 학생을 죽일 뻔했다고 해서 인솔 책임자인 내가 교장 선생님한테 불려 가 된통 혼이 났다.

외모 가꾸려다

  1972년도 석계초 신설 학교로 발령을 받는데 운동장이 없어 매일 아침과 수업이 끝나면 6학년 아이들을 데리고 운동장을 넓히기 위해 흙을 퍼다 날랐다. 아무리 6학년이 도와준다고 해도 거의 나 혼자 손수레를 끌며 일을 했다. 그때는 할아버지의 재촉에 선을 보러 다니던 때라 그래도 공무원답게 얼굴이 하얘야만 했는데, 지금같이 선크림이나 햇빛 가리개가 없기에 얼굴과 손이 너무 까매져 선을 보러 가면 퇴짜 받기 일쑤였다. 내 자신도 어떡하면 하얀 얼굴과 손을 가질까 고민했는데 그렇다고 학교 운동장이 없으니까 운동장 넓히기는 안 할 수도 없었다. 비싼 비누를 사다 세수도 몇 달 하고 남몰래 질경이 또는 닭의장풀도 쪄서 얼굴에 붙이기도 했지만 도무지 검은 얼굴엔 효과가 없어서 한숨만 나왔다. 어느 날 나이 많은 선생님이 비방이라면서 과산화수소수로 손을 담그고 얼굴을 씻으면 하얘진다고 했다. 학교에 있는 과산화수소수와 약국에서 더 사다 세숫대야에 붓고 먼저 손을 담갔는데 정말로 몇 분 지나자 손이 하얘졌다. 눈이 따갑지만 세수도 해 봤는데 얼굴이 핏기 없이 귀신처럼 하얗게 변하는 것이었다. 그런데 손을 너무 담가서 그런지 손이 흰 도화지로 그려 놓은 것같이 너무 하얘졌다. 거울을 보니 얼굴도 이건 사람이 아니라 꼭 저승사자처럼 변해서 선생님들 모두 기철 초풍하게 놀라셨다. 말을 하지 못하고 꼭 귀신 본 모습으로 서 있는데 나는 너무 어지러워 그 자리에 픽 쓰러지고 말았다. 숙질실로 옮겨 가 누워 있자 한 30분쯤 있다 정신이 돌아왔다. 선배 선생님 하는 말이 왜 멍청하게 오래 손을 담그고 얼굴을 씻었느냐고 하면서 병원이 머니 빨리 약국에 가서 약이라도 사 먹으라고 했다. 약국을 갔더니 약사 왈 살아 있는 것이 신통하다 하시면서 과산화수소수에 손을 담그거나 얼굴을 씻으면 피를 다 없애니 죽을 수도 있다면서 피 보충을 위해 오늘부터 선지를 사다 먹으라고 했다. 일주일 동안 선지를 끓여 원 없이 먹었는데 결국은 얼굴이 다시 까맣게 되었다.

생활비 절약

　모든 물건을 구입할 경우는 첫째, '꼭 필요한 물건인가?'를 생각하고 절대 즉흥적으로 사지 않으며 하루를 더 생각하고 꼭 필요하면 다음 날 구매한다. 둘째, 불필요한 물건은 다른 용도로 쓸 수 있는가를 봐서 재활용한다. 물을 쓸 경우도 대야에 받아서 사용하고, 이를 닦았던 물은 변기에 버리며, 간단한 빨래는 꼭 손빨래하여 세탁기 사용을 절제한다. 에어컨은 사용치 않으며 너무 더우면 선풍기, 적당하면 부채를 사용한다. 옷도 깨끗하면 20~30년은 입으며 신도 떨어지면 잘 잘라서 실내화나 슬리퍼로 만든다. 계란판 끈도 잘 모아서 고춧대 묶음으로 사용하고 요구르트 병은 잘 씻어 탑 쌓기 놀이나 물건 담는 재활용으로 사용한다.

속은 선택

 아내의 고등학교 때 제일 친했던 친구가 연락이 와서 몇 번 만남을 가졌는데 서울에서 큰 빌딩을 가지고 있고 부동산도 여러 곳에 있어 몇 번 식사도 대접받으며 같이 어울렸다. 친해질 즈음 개발되는 좋은 땅이 있는데 이건 자기만 알고 있는 비밀이라서 친구인 아내가 좀 더 잘살게 해 주겠다고 그 땅을 사면 좋겠다고 한 적이 있다. 노후에 그곳에 집을 짓고 살아도 되고 바닷가라 전망도 좋고 살기도 좋을 거라고 했다. 지도도 보여 주며 자기도 부동산으로 지금의 부를 이루었다고 하는데 나는 그렇게 좋은 곳이면 본인이 사지란 생각에 아무래도 미심쩍어했다. 그런데 아내는 고등학교 때 가장 친했고 믿을 만한 친구라며 걱정할 것 없다고 했다. 그래서 그 말만 믿고 집을 마련하려고 모아 둔 자금이 있기에 어느 곳인지 묻지도 않고 투자했다. 그 뒤 잊고 있다 그 친구가 잠적했다는 소식을 듣고 땅이나 보러 가자고 해서 그곳에 가 보았더니 허허벌판에 계곡이 있는 땅이라 준 돈의 10분의 일도 가격이 나가지 않는 맹지였다. 그때 친구 말을 믿지 말고 아내를 설득했어야 하는데 지금도 후회된다.

망신살!

  1992년도에 안산에 있는 신설 학교로 발령을 받았다. 학교 운동장 공사나 정원 가꾸기를 위해 시흥시에 있는 나무 가꾸는 곳으로 가 직접 나무를 파고 트럭에 실어서 심었는데, 큰 향나무를 캐다 트럭에 싣는 순간 나무가 트럭에서 떨어지며 쇠 지렛대와 함께 나를 덮쳤다. 척추 디스크가 파열되는 중상과 쇠 지렛대가 몸에 맞아 그때부터 뼈마디가 쑤시기 시작했다. 진통제를 사 먹었지만 먹을 때뿐이고 아픔을 참으며 여러 가지 약제도 썼으나 신통한 효험은 보지 못했다. 그때부터 나이 든 어르신들한테 뼈가 아픈 때는 무엇을 먹어야 하는지 여쭤보는 버릇이 생겼다. 어르신들 말씀에 이구동성으로 산골이라는 돌가루와 또 한 가지를 추천해 주셨는데 바로 오래된 똥물을 먹으라는 것이었다. 그래서 정말 나을까 하는 호기심도 생기고 안 아프다면 뭘 못 할까 하는 심정으로 몇 번 시골에 가서 퍼다가 숙직실에서 시도를 해 보았다. 도무지 먹을 수 없었고 숙직실 오는 사람마다 이게 무슨 냄새냐며 기겁을 했다. 결국 먹지 못하고 다시 알아본 결과, 남자는 깨끗한 유리병에 솔잎을 꽉 막은 후 여자들만 오래도록 사용한 정화조를 한 방울 두 방울 스며들게 하여 그것을 꿀에 타서 먹는 것이라고 한다. 결국은 내가 사는 안양에서 여자들만 다니는 여학교를 찾은 결과 대안여중이 있어 그곳으로 밤에 정화조를 찾으러 갔다. 숙직 기사한테 도둑으로 몰려 사정을 이야기했더니 선생님이 그런 걸 믿느냐고 하면서 웃는 것이었다. 망신스럽기도 하고 사정을 해서 결국 병에 가득 담아 왔다. 먹으려 시도했지만 여러 선생님들이 그걸 믿느냐고 핀잔을 하길래 망신만 당하고 결국 포기하고 말았다.

이런 척까지

　300명이 연수를 받을 때이다. 각 분임별로 팀을 짜서 여러 종목의 운동 경기를 하는데 분임당 점수를 매겨 등수에 든 팀에게 포상이 있었다. 마지막 경기로 우리 팀인 1위와 다른 팀 2위가 배구 경기 결승에서 맞붙게 되었다. 여기서 이긴 팀이 1위가 확정되는 경기였기에 내가 전위를 보고 배구 경기에 임하게 되었다. 1, 2세트는 서로 1:1이 되었고 3세트 경기가 남았다. 상대편 중위가 킬을 때린다고 높이 솟아올라서 우리 코트로 넘어오면서 내 옆구리를 가격하였다. 한참을 아파서 있다 다시 경기가 시작되었는데 너무 옆구리가 아파 왔지만 내색을 할 수가 없었다. 다른 선수들이 괜찮냐고 물었지만 나는 아무렇지도 않는 표정으로 "이 정도야." 하면서 배구를 계속했다. 그러나 높이 뛸 수가 없어 결국은 패하고 말있다. 우리 팀은 내 표정에서 아픈 걸 알았는지 계속 물었지만 나는 괜찮은 척하며 하루를 견뎠다. 다음 날 너무 아파 병원에 갔더니 갈비가 2대나 부러졌다고 했다. 돌아와서도 팀원들이 물었지만 아무렇지 않는 표정으로 지내며 한 달을 아무 말 못 하고 안 아픈 척하느라 고생이 막심하였다.

보물찾기의 추억

　소풍의 백미는 역시 보물찾기다. 도시락을 먹고 나서 보물을 하나라도 찾으면 그 소풍은 영원히 기억되고 추억에 남는 소풍이 된다. 특히 시골에서 소풍날은 보물찾기 때문에 들떴다. 선생님들도 보물찾기 궁리를 해마다 해야 했다. 어느 해는 아이디어를 모집했는데 정말 좋은 아이디어가 나와 그대로 시행하기로 하였다. 잔디밭으로 소풍을 갔는데 점심을 먹고 모두 잔디밭에서 신발을 벗고 뛰어놀라고 한 후 벗어 놓은 신발 중 해졌거나 가장 더러운 신발에 보물을 숨겨 놓았다. 모두 모아 놓고 잔디밭에 꽝 보물을 몇 개 가짜로 숨긴 다음 찾도록 하였더니 모두 못 찾았다고 투덜거릴 때 신발을 신도록 하였다. 신발 속에서 보물이 나왔다고 찾은 학생은 좋아하였으며 찾은 사람 대부분이 가난하거나 어려운 학생들이라 기쁨도 더 많은 것 같았다. 그해의 보물찾기는 일생 가장 큰 보람을 느낀 해였다.

아는 척

 오래전엔 내비도 없이 모르는 길은 자동차를 세워 길을 물으며 찾아갔었다. 직장 동료가 상을 당하여 친목을 담당하던 내가 차를 몰고 춘천의 상가에 찾아가는 길이었는데 가평에서 6년을 살며 춘천을 몇 번 오갔기에 상사 두 분과 동료를 태워 갔다. "춘천 지리는 제가 잘 압니다. 저만 믿으면 금방 찾을 수 있습니다."라고 장담하며 퇴근 후 깜깜해진 길을 달려 춘천으로 갔다. 병원이 아니고 작은 교회에서 장례를 치른다고 하여 몇 번을 돌며 찾았으나 찾지 못했다. 12월 초라 날씨가 너무 추워 지나다니는 사람도 없고, 가겟집을 찾아들어 물어보면 모른다거나 길을 잘못 가르쳐 주어 3시간 동안 춘천 시내를 뱅뱅 돌았다. 결국은 찾지 못하고 돌아오게 되었는데 그 뒤에 상사는 나를 보면 "박 선생 말은 콩으로 메주를 쑨대도 못 믿어." 하며 놀리셨다.

말실수하는 바람에…

젊은 시절 한참 관상과 수상에 빠져 있던 때 마침 동학년이 된 양 선생이라는 아주 예쁜 여선생이 나와 오전, 오후반 교대로 같은 교실을 사용하게 되었다. 수업이 끝난 뒤에는 같은 교실에서 앞뒤 책상을 마주하고 사용하는데 보면 볼수록 아름답고 단정하고 애교도 넘치고 말도 너무 예쁘게 잘했다. 이런 여성이 있을까 싶을 정도로 자기 반 학생들도 하나하나 예뻐하고 흠잡을 데 없는 모범 여선생이었다. 그런데 돌팔이 관상 수상을 하던 나는 동학년 선생님들이 관상 수상을 보아 달라고 하면 관상학 교본대로 좋은 말만 해 주었었다. 양 선생과는 오전 오후 같은 교실에 있으니까 남자의 본능으로 손을 잡아 보고 싶어 틈만 나면 수상을 보아 준다고 하면서 손을 잡고 수상을 보아 주었다. 손도 아름다워 별 나쁜 수상이 아니었으나 나는 양 선생 수상 볼 때마다 "어, 양 선생님 결혼선이 세 갈래라 세 번 시집가겠는데." 하고 장난말을 하였다. 그런데 4년 뒤 다른 학교에서 만났는데 이혼하고 산다는 말을 들었고, 30년 뒤 같은 학교에서 다시 만났을 때는 세 번 결혼을 했다며 나 때문이라고 원망한다고 했다. 내가 수상 본다고 실수한 말 때문에 그 참한 여선생의 운명을 바뀌게 하였구나 싶어 마음이 언짢아 같이 근무하는 2년 내내 피해 다녔다.

꼰대 골탕 먹이기!

　세상을 살다 보면 말도 안 되게 갑질을 하는 상사가 예전에는 많았다. 처음 경기도로 올라와서 가평군 설악면 미원국민학교로 발령을 받고 경기도 생활을 시작했다. 교장 선생님은 정년이 얼마 안 남아서 그냥 힘없이 지내시는 분이었고, 교감 선생님은 얼마나 꼰대 짓을 하던지 모든 선생님이 벌벌 떨 정도로 자기주장만 내세우는 분이었다. 상사인 교장 선생님도 우습게 알았으며, 그 교감과 같이 있던 선생 3명이 사표를 내서 그만둘 정도로 악명이 높았다. 아무도 대들지 못하고 밤이나 낮이나 선생님들을 괴롭히며 꼰대 짓에 열중하였다. 자기는 서울에서 나서 서울에서만 자랐다고 서울에서 안 산 사람은 모두 시골 촌놈이라고 무시했으며 말이 나오면 "내가 누군지 알아? 내 동창이 의사고, 법원에 있어."라고 하며 과시했고, 왕년에 중앙정보부에 들어가 글씨를 썼다며 자기 자랑을 했다. 또 사생활 침해는 보통이고, 매일 불러다 일요일에는 무얼 했느냐 묻고, 글씨를 똑바로 쓰라며 잔소리했으며, 심지어 선생님들 하숙집까지 돌아다니며 간섭했다. 어려운 일 못 하겠다고 하면, "하라면 해!" 하고 명령하고, 누가 아는 체를 하면 "네가 뭘 안다고 그래?" 하고 창피를 주었다. 그때 아내와 연애를 시작하는 때였는데 얼마나 괴롭히던지 골탕을 먹이려고 벼르고 있었다. 그때는 교육청에서 가끔 밤에 학교 점검을 나와서 시건장치 또는 책상 위에 공문이 있는지, 숙직 순찰은 잘 돌았는지를 점검했다. 점검이 오면 옆 학교에서 지금 다녀갔다고 다음 학교 간다고 연락을 준다. 그러면 대비를 하는데 마침 내가 숙직하는 날에 연락이 왔다. 교감 선생님이 캐비닛 위에 둔 열쇠로 책상을 열어 놓고 책 놓여 있는 곳에 공문 한 장을 빼서 슬쩍 올려놓았다. 그리고 교무실 문을 걸어 잠그고 숙질실로 와 "교감 선생님, 점검 나온답니다." 하고 연락을 드렸다. 마침 점검분들과 같이 도착하여 교무실 문을 열고 각 책상 시건장치와 책상 위를 살피는데 교감 책상만 모두 열려 있고 공문 한 장이 책 위에 놓여 있었다. 교감 선생님이 사색이 되어 분명 책상도 잠그고, 공문도 집어넣고 갔다며 변명을 했다. 점검반한테 봐 달라고 애걸복걸하는 모습이 안쓰러웠지만 그 모습을 나한테 보여서 그런 건지 그 뒤부터는 나를 제외하고 다른 선생님에게만 꼰대 짓을 하였다.

사진

 2008년 어머니께서 돌아가시고 아버지 혼자 시골에서 살고 계셨다. 6.25 전쟁 참전으로 몸이 약해지고 청각장애 3급으로 활동도 어려웠으나 혼자 사시겠다고 해서 시골에 계셨다. 그런데 일주일마다 아프시다는 연락이 와서 가 보면 전자 기기 다룰 줄도 모르고, 식사도 변변히 하시지 못한 데다 약한 몸에 술을 드셔서 더 다치시더니 뭔지도 모르고 약초를 달여 드시다 아파서 결국 병원에 입원하셨다. 전쟁 후유증으로 고향 부안병원에서 적응을 못 하셨는데 우리 부부가 둘 다 직장에 나가기 때문에 같이 지낼 수 없어 우리 집에서 300m 떨어진 요양병원에 모셨다. 그러나 청각장애에 말씀도 못 하시지, 저녁에 잠도 안 주무시고 보초를 선다고 다른 분들에게 피해를 끼치셨다. 게다가 여러 합병증이 와서 큰 병원에서 진료를 받았더니 신장 기능이 10%도 안 남아 있고 또 입안에 침샘암이 전이되어 1년을 넘기지 못한다고 했다. 2015년 추석에 아버지를 모시고 아버지 주제 아래에 추석 차례를 지내게 되었다. 우리 형제 가족들과 작은집 가족이 모여 아버지가 마지막 조상님들에게 고를 하고 차례를 지냈다. 다음 해 2016년 7월 19일에 소천하셔서 그때 사진이 아버지를 모시고 찍은 우리 집 마지막 가족사진이 되었다.

리마인드 사진

결혼 45주년을 맞이하여 리마인드 결혼사진을 다시 찍고, 가족사진도 손자들이 크기 전에 찍자고 해서 다시 했다. 아내와 결혼 당시 결혼 자금이 없어 고향에서 하는 무료 예식장에서 결혼식을 하는데 신부 드레스가 세탁하지 않아 더러웠다. 또 그 전날 억수 같은 비가 쏟아졌는데, 시골길이 장화 없이는 못 다니는 곳이라 구두에 흙 묻은 채로 식을 올렸다. 택시가 진흙 길에 빠지는 등 힘들게 결혼했었는데, 아들과 딸이 다시 리마인드 결혼사진과 가족사진을 찍자고 해서 찍게 되었다.

돌잔치

　1983년 5월 18일이 딸아이의 돌이다. 가평 산골에서 4년을 살아 엄소리 동네 분들과 정이 많이 들었고, 살면서 채소나 부식 등 많은 도움을 받았기에 딸아이의 돌날 마을 분들을 모시고 대접을 하려고 한다. 토요일에 음식을 만들어 일요일에 잔치하려고 수수팥떡, 시루떡, 식혜, 갈비 등 잔치 음식을 아내와 같이 만들었고, 마을 분들의 도움을 받아 여러 가지 음식을 장만하였다. 집이 너무 비좁아 분교 두 칸 있는 교실에 늘어놓았다. 저녁때가 되었는데 그날따라 날이 너무 더워서 음식이 있는 창문을 모두 열고 음식이 쉴까 봐 동네에 있는 선풍기를 빌려다 틀어 놓았다. 자정까지 들락날락하면서 음식이 변질될까 봐 노심초사하며 아내와 지켰다. 어쩔 수 없이 자정이 넘어 집에 들어와 자고, 아침에 일찍 나갔다. 음식이 있는 교실에 가서 살펴보니 창문을 모두 열어 놓아서 하루살이와 깔따구들이 음식에 무수히 많았고, 또 무슨 짐승인지 들어와서 기름기 있는 것과 떡을 모두 헤집어 놓아 절반은 못 쓰게 만들었다. 아침에 돌잔치 하려고 음식을 준비했는데 너무 난감하여 어쩔 수 없이 청평까지 20km

를 가서 떡을 사 오고, 과일과 고깃국만 끓여 동네분들을 모시고 늦은 아침 열 시에 돌잔치를 했다. 순박한 동네분들이 돌 때 가져온 선물이 또 우리를 즐겁게 했는데 쌀 1되, 밤 1되, 깨 조금, 잣 조금, 호박 1개, 돈 500원, 달걀 5개 등 마을에서 생산되는 물건을 가지고 오셔서 고맙게 받았다. 마을에 1대밖에 없는 소차를 타고 난 뒤 태어나서 그런지 딸이 소같이 부지런하고 결혼하여 열심히 잘 살고 있다.

층간 소음

  85년부터 지금까지 아파트 생활을 하다 보니 무수히 층간 소음을 겪었다. 그중 특히 심한 경우가 두 번 있었는데, 1993년 학구 내에 있는 럭키 아파트를 분양받아 입주하게 되었을 때가 첫 번째다. 내가 재직하고 있는 호원초등학교와 담장을 사이에 두고 지어진 아파트라 학교에 출퇴근하기는 좋았다. 학부모회라든가 아파트 사시는 분들이 직접 우리 반과 연관되기도 하고 또 매일 마주치며 인사를 나누는 처지라 잘 지내고 있었는데, 문제는 다른 곳에서 터졌다. 바로 우리나라 최초 조립식으로 지어진 아파트라 하자가 너무 많았다. 입주해서 보니 손볼 곳이 한두 군데가 아니었고, 더 큰 문제는 아파트 조립판을 너무 단단히 구워 조립했기 때문에 어느 집이든 작은 소리만 나도 아파트 같은 동 전체가 울려 소음이 나는 것이었다. 어느 집인지도 모르고 소리가 나면 윗집으로 찾아가 항의하고, 윗집은 본인 집이 아니라고 하고. 당시는 아파트 투기 열풍으로 전세 사는 집이 많아 전셋집을 함부로 쓰거나 자기 집이 아니라고 소중히 쓰지 않고는 1년이나 2년만 되면 이사를 하던 때라 층간 소음이 심하였다. 어느 때는 누구 집에서 나는 소리인진 모르지만 부부 관계 소리도 들려 난감하기 그지없을 때가 있었다. 살기 시작한 8년이 되었을 때 윗집이 새로 이사를 왔다. 자녀가 셋이고 할머니가 아이 셋을 돌봐 주고 있었다. 당시 우리 애들이 중고생이라 열심히 공부하던 때인데 매일 층간 소음 때문에 올라가서 정중히 소음이 심하다고 말하곤 했다. 그러면 할머니가 우리 애들같이 조용한 애들이 없다고 한마디로 딱 잘라 말했다. 결국 부모를 만나 얘기해도 별 소식이 없어 같은 학교 선생인 내가 애들을 만나 아랫집 형이 공부하니 조용히 해 달라고 말했다. 그러자 며칠 조용하더니 다시 똑같아졌다. 당시 아내가 너무 층간 소음으로 신경이 예민해져 이사를 하자고 결정하여 온 곳이 지금의 아파트다. 오자마자 윗집과 소음 때문에 또 2년간 고생하다 8년 정도 절간같이 정말 조용해졌다. 살면서 이렇게 조용한 아파트는 없다고 생각했는데, 아랫집이 이사 오면서 그 조용함도 종말을 고했다. 19층인 우리 집이 18층인 아랫집 층간 소음 때문에 2년을 또 고생했다. 이사 온 18층엔 학생이 둘 있었는데 누나는 중학생 남동생은 초등학교 5학년이었다. 처음에는 부모 없이 둘만 사는 줄 알았다. 매일 싸우고 소리 지르는 것뿐만 아니라 공놀이를 하는 것인지 우리 집 바닥으로 공을 튕기는 거라 방바닥이 울렸다. 저녁 늦게까지 심지어는 새벽에도 텅텅 울렸다. 또 뭘 깨뜨리는 소리와 새벽에 이상한 고양이 소리, 개 소리로 소음 내기 등 상상을 초월하는 일이 많았다. 그뿐만 아니라 모든 군것질한 쓰레기와 남은 음식물을 아래 화단으로 던지거나, 우리 에어컨 실외기와 위, 옆집, 먼 화단 이곳저곳으로 던져 댔다. 매일 '19동 3, 4라인 쓰레기 바리지 마세요.' 하고 아파트 안내 방송이 나왔지만 도로아미타불이고 하루도 편할 날이 없었다. 결국 참다 참다 음료수를 사서 아랫집에 방문하였다. 부모님은 없었다. 아이들한테 19층인데 너무 소음이 심하니 조용히 했으면 한다고 했더니 누나가 눈을 크게 뜨며 "저희 너무 조용해요."라고 한다. 어이가 없어 할 말을 잃고 부모님은 어디 계시냐고 물으니 대꾸를 안 해서 그날은 그냥 돌아갔다. 그 뒤 17층 분을 만나니 도무지 살 수가 없다고 하시며 같이 방문해 부모를 만나자고 해서 방문했으나 부모님이란 말에 언급을 회피한다. 또다시 같은 동에 문제가 더 생기기 시작했다. 복도 계단에 있는 물건들이 파손되고 자전거는 모두 바람이 빠지고, 쓰레기들이 각 층 계단마다 쌓였다. 하루도 편할 날 없이 19동 3, 4라인 방송이 나왔다. 또 아무 집이나 인터폰을 누르고 도망가는 등 층간 소음을 당하는 것이 문제가 아니라 공간을 위협하는 일들이 계속되자 결국 다시 방문해서 1년 반 만에 아빠를 만났다. 엄마 없이 혼자 키우고 있고, 지방에서 근무하는 관계로 한 달에 한 번 집에 오는데 애들만 놓다 보니 그렇다며 죄송하다고 하며 곧 이사할 거라고 했다. 살다 살다 아랫집 층간 소음으로 2년을 고생한 집은 우리 집이 대한민국에서 최초가 아닐까 싶다.

지우고 싶은 기억

 2018년 5월 안양예술공원에서 봉사 활동을 마치고 자전거를 타고 가다 뺑소니 사고를 당했다. 15분 정도 기절을 하여 누워 있다 지나가던 사람들이 발견하여 눈을 떴지만 일어날 수가 없었다. 머리가 너무 아프고 어깨와 옆구리가 너무 아파 그대로 누워 있었다. 아무런 생각도 나지 않아 그냥 누워 있었는데 사람들이 일으켜 세우려고 했으나 일으킬 수가 없었다. 후에 경찰이 와서 119를 부르고 그제야 정신이 조금씩 들기 시작했다. 어깨와 옆구리 고통이 너무 심한 가운데 그보다 더 나를 암담하게 하는 것이 있었으니, 아래 바지가 너무 축축한 것이었다. 바로 사고의 충격으로 바지에 실례를 해서 물기 묻은 내의와 바지가 젖어 춥기 시작했다. 또 옆에서는 두런두런 얼마나 흔적이 바지에 많았는지 누가 뭐라도 덮어 주라고 했지만 바지 아래를 덮어 주는 사람은 아무도 없고 나는 아픈 것보다 젖은 바지 때문에 부끄러움이 앞섰다. 마침 119가 와서 차에 탔는데, 강신 들린 것같이 너무 아프고 추운데 하필 여성 구급대원이 왔다. 바지 때문에 부끄럽기 짝이 없어 몸을 뒤틀어 가리려고 하자 움직이지 말고 가만히 있으라며 몸을 잡고 있기에 눈을 꼭 감고 자는 척했다. 병원 응급실에 도착해서 간호사들이 여러 가지 조사를 하고 의사 선생님이 와서 누가 바지 수건으로 닦아 드리라고 했지만 나는 너무 당황스러워 괜찮다고 했다. 그 뒤 아들이 와서 속옷을 가져다줬다. 2주 동안 입원하여 빗장뼈와 회전근개 수술을 받았지만, 그 아픈 것보다는 자의건 타의건 실수로 소변을 보았다는 것 자체가 나에게는 큰 트라우마로 남아 3년이 지난 지금도 꿈에서 소변을 보는 꿈을 자주 꾸었고, 실제로 자다가 소변이 찔끔 나온 적도 있었다. 그렇게 10주 상처를 입은 가운데 아픔보다는 소변을 본 창피함과 부끄러움이 더 컸던 기억이 생생하다.

이사 시 있는 일

 어머니께서 어려서부터 내가 죽을 고비도 많이 넘기고, 어려운 일도 많았으며, 결혼도 늦게 하자 항시 걱정을 하셨다. 가평 산골에서 6년을 살다 안양으로 이사한다고 하자 전북 부안에서 가평 산골까지 오셔서 미리 당부하셨다. 이사할 때 꼭 챙겨야 할 물건이라며 놋요강, 소고삐, 소 워낭, 손수 지은 삼베옷, 망건, 황금 보자기를 보이셨다. 이사하기 전날 놋요강을 황금 보자기에 잘 싸서 이사 갈 집에 가져다 놓고, 이사하는 날에는 삼베옷에 망건을 써서 이삿짐 들어가기 전에 소고삐와 워낭, 북어를 문 입구에 걸라고 하셨다. 전날 이사 갈 집에 찾아가서 보자기에 싼 요강을 집 안에 놓겠다고 했더니 그 집에 살던 젊은 새댁이 절대 안 된다고 해서 결국 복도 한쪽에 놓고 돌아왔다. 다음 날 소차에 조금뿐인 이삿짐을 싣고 이사 집에 도착하여 삼베옷에 망건을 썼다. 소고삐와 워낭, 북어를 가지고 집에 들어가려니 원래 살던 젊은 부부가 오전에 간다던 이사도 안 가고 당당하게 열흘 뒤에 가게 되었다고 한다. 나를 이상하게 쳐다보며 절대 그런 걸 걸면 안 된다고 자기 집 물건은 그대로 있으니 작은방 하나만 우리보고 쓰라고 한다. 아무 양해도 구하지 않고 그러기에 한참 다투었는데 말이 통하지 않는 적반하장인 사람들이었다. 그 뒤 열흘이 더 가관이었다. 물도 적게 써라, 화장실도 자기들이 쓴 뒤에 써라, 우리 애들 거실에서 못 놀게 하고 울지 않게 해라. 이건 우리 집인데 이사 가지 않은 사람들이 완전 주인 행세를 하며 막무가내였다. 참자고 사는데 하루는 새댁이 나를 부르더니 소파가 아주 좋은 것이니 10만 원 주고 사 가라고 하여 아내한테 상의도 하지 않고 샀다. 젊은 부부가 나가고 소파가 그대로 있자 아내가 어떻게 된 일이냐고 물었다. 10만 원 주고 샀다고 했더니 "당신을 시골서 온 바보로 알았구먼. 왜 속아요. 10만 원이면 새것을 살 수 있는데." 하고 지금까지 싸울 때마다 말한다. 결혼하고 첫 번째 이사에서 우여곡절이 많았지만 그 뒤 7번이나 이사를 더 다녔다. (놋요강, 워낭, 소고삐는 아직 있다.)

인생을 바꾼 선택

　이사를 열 번은 넘게 다녔지만, 깜빡 속은 적이 있다. 집이 당첨되어 입주 때까지 우선 전셋집을 구해야겠기에 집을 알아보러 다니는데 같은 단지에서 여러 곳을 다녔지만, 마음에 드는 집이 없었다. 특히 이사 다닐 때는 이사할 집을 꼼꼼히 살펴보고 결정했는데 마침 중계소에서 두 집이 나왔다고 해서 두 집을 보러 갔다. 첫 번째 집은 들어가면서부터 현관에 신발이 어지러워져 있었다. 집은 깨끗하였지만, 물건이 많아 어수선하였다. 특히 베란다에 화초를 키우는데 덩굴이 무질서하게 뻗어 있어 보기에 안 좋았으며 집 안에 책도 많고 물건이 많아 깨끗한 집이 아니어서 마음이 들지 않았다. 다음 집을 보러 갔는데 집주인이 직접 나와 인사를 했다. 집 안이 잘 정돈되었고 더러운 곳은 페인트도 칠해져 있었으며 좋은 향을 피워 들어가면서부터 마음에 들었다. 살림도 단출하여 깨끗했으며 차도 한 잔씩 주길래 주인과 이야기를 나눴다. 살기 좋은 집이라고 추천하면서 자기들도 5년을 살았지만 이렇게 좋은 집은 처음 살아 본다고 했다. 꼼꼼히 살피지 않고 겉으로 주인의 좋은 인상 때문에 두 번째 집으로 선뜻 계약했다. 그런데 이사 첫날부터 문제가 심각하였다. 액자를 걸려고 못을 박으려 했더니 수많은 못 자국이 있는데 그걸 감추려고 색이 같은 휴지로 메꾸어 놓았으며, 화장실은 막혀 물이 내려가지 않았고, 더러운 벽은 위에 깨끗한 벽지로 살짝 눈가림만 해 놓았다. 수도꼭지, 창틀 모든 곳이 살짝 색칠만 해 놓고 속에는 그대로 망가져 있었다. 저녁에는 더욱 놀라운 일이 일어났는데, 세상에 그렇게 많은 바퀴벌레가 부엌 전등만 끄면 돌아다녀 발에 밟힐 정도였다. 나중에 들으니 미리 이사 가고 집이 안 나가니까 그런 깨끗한 쇼를 한 것이었고 내가 깜빡 속아서 선택을 잘하지 못한 거였다. 결국, 바퀴벌레를 잡기 위해 몇 번의 바퀴벌레 퇴치 연막탄을 터뜨려 퇴치하고, 벽지, 샤워기, 문손잡이, 변기는 모두 갈아야 했다. 결국, 잘못된 선택으로 1년 만에 다른 곳으로 이사했다.

부모님 & 자식이 고마웠던 순간

　1985년에 안양으로 이사 와서 살게 되었을 때 82년생인 딸이 만 세 살이 되어 시골에서 같이 살던 이모가 와 돌봐 주었다. 그러나 1987년에 결혼으로 우리와 헤어지게 되었다. 맞벌이인 아내와 나는 돌봐 줄 사람을 구했으나 그 당시는 구할 수가 없어 결국 연세가 아주 높은 할머니가 오셨다. 낮에만 있다 가는 걸로 했는데, 가스레인지 켤 줄도 모를 정도로 아무것도 모르셨다. 첫째인 아들을 학교 보내고 학교에 입학하지 않은 여섯 살 딸이 집안일도 하고 학교 갔다 오는 오빠 밥도 챙겨 주다가 결국 할머니는 못 하겠다고 하며 가셨다. 그때부터 딸은 유아원도 혼자 다니고 집 안 청소도 하고 오빠 밥도 챙겨 주며 컸다. 어느 때 엄마가 아파 밥을 챙겨 주면서 "아빠, 나 너무 잘하지?" 하고 애교를 부릴 때는 미안하면서도 대견했다. 그렇게 학교에 들어가고도 맞벌이 때문에 딸의 소풍, 학예회, 운동회, 졸업식 등에 우리 부부가 한 번도 간 일이 없었다. 그럴 때면 딸은 내색도 하지 않고 항시 "나 오늘 잘하고 왔어." 하고 말했다. 그러면 더 미안하고 안쓰러워 아들보다 딸을 더 예뻐하곤 했는데 두 살 더 많은 아들이 질투하여 동생과 싸움을 많이 하였고, 그럴 때마다 딸 편을 들면 아들이 서운해하였다. 그렇게 딸은 저 혼자 커서 지금은 아들 둘을 낳아 잘 살고 있지만, 아직도 내 마음은 딸에 대한 마음의 빚이 남아 있어 손주에게 그 빚을 갚으려고 잘하고 있다.

서운했던 순간

 육 남매의 장남으로 태어나 집안을 위해 교대를 가서 월급을 타면 모두 집에 갔다가 주어 동생들 학비에 보태며 가사에 도움이 되었다. 그러다 32살에 결혼하여 자식을 낳고 살면서도 어머니와 멀리 떨어져 있지만 명절 때면 시시때때로 찾아가 건강식품과 금전, 의류 등 어머니가 좋아하는 것들을 최선을 다해 드렸다. 그런데 집에 갈 때마다 그런 물건들이 하나도 남아 있지 않았다. 둘째, 셋째 동생들도 다 결혼하고 부모님께 좋은 물건과 용돈을 드렸다는데 항시 어머니는 어렵게 사는 것이었다. 어느 날 여동생이 나에게 할 말이 있다면서 어머니가 모든 것을 막내에게 다 주고 있다고 했다. 나와 15살 차이 나는 막냇동생이 그간 저지른 일을 큰오빠만 모르고 있었다며 어머니가 큰오빠에게만 숨기고 있었다고 한다. 고등학교 때 조폭과 어울려 퇴학당하고 먼 시골 학교에서 졸업했으며, 대학교 때는 데모하다 졸업도 못 했다. 지금은 결혼했어도 술을 많이 먹고, 어머니에게 너무 의지해서 어머니께서 무조건 막냇동생 말이라면 다 들어준단다. 오빠가 한번 말하라고 해서 어머니께 왜 저한테 말씀하지 않았느냐고 말하며 서운하다고 말씀드렸더니, 어머니가 딱 잘라 말하며 동생 일은 상관하지 말라고 하셨다. 그 뒤 어머니와 내가 좀 소원하게 지내다 어머니께서 아프셔서 5년 동안 병간호하며 풀게 되었다.

왜 이래

 내가 생각해도 나같이 집안일을 열심히 하고 가정에 충실한 남편도 없다고 자부하면서 살아왔는데, 아내는 잘해 줄수록 나이 들어 가면서 잔소리가 늘고 만나기만 하면 타박하는 잔소리 때문에 감정이 상하고 섭섭할 때가 많다. 아침밥을 챙기고 설거지하면 하나하나 들여다보며 "여기 이러면 안 돼." 하고 왜 세제를 쓰지 않느냐? 그리고 그릇을 들어 살피면서 조금이라도 덜 닦여 있으면 수세미로 박박 문질러 다시 닦으며 잔소리하고, 화장실 다녀오다 불을 끄지 않으면 만날 때마다 잔소리하고, 밥을 먹을 때 앞섶에 조금 흘리면 나이 들어 정신 차리라고 하고, 빨래는 내가 하는데 어떤 때 주머니를 안 보고 빨래하면 휴지가 있어 온통 빨래가 찢어진 휴지에 엉망이 될 때 다시는 빨래하지 말라고 하면서 정작 아내는 빨래를 하지 않았다. 더 문제는 외출할 때마다 옷은 뭘 입어라, 목도리를 둘러라, 그 색은 좋지 않다, 얼굴에 스킨로션을 바르고 꼭 선크림을 발라라, 상가나 결혼식에 갔다 오면 화장실에 가서 손 씻고 오줌 누고 옷을 털라고 하고, 집에서는 절대 운동하지 마라, 먼지가 나서 나가서 하려면 위험

한 곳은 가지 말고 사람이 없는 곳에서 운동해라, 자기는 휴대전화를 끼고 살면서 내가 휴대전화를 보면 목디스크 걸린다, 눈 나빠진다 하며 매일 보는 족족 잔소리를 한다. 나는 이제 70인데 7년이나 더 산 나한테 잔소리하냐고 화를 내면 또 투덜투덜 자기 이야기는 귓등으로 흘려듣는다고 또 잔소리하고. 이래저래 잔소리 없는 세상에서 살고 싶다.

화를 부르는 나

　어제도 아침에 널은 빨래를 걷어다 개면서 아내에게 옛날 어른들은 해가 기울 때 빨래를 개어야지 다음 날 아침에 개면 벌레가 들고 이슬을 맞아서 며느리들이 시집살이를 했다고 하자 아내는 "또 고리타분한 말 하네. 나도 알고 있어, 그만해." 하며 화를 냈다. 나는 가끔 나이가 7살 차이가 나는 아내에게 옛날 고리타분한 이야기를 해서 화를 돋우곤 했다. 아내가 발을 떨 때 내가 "복 달아나니 발 떨지 마!"라고 하면 아내는 지금이 어떤 세상인데 발을 자꾸 움직여야 피도 잘 통하고 운동이 된다며 일격에 내 말을 잘랐다. 아내가 조용히 명상할 때 불을 끄면 불 껐다 켰다 하면 전기료가 더 나온다면서 화를 내며 집 안 불을 모조리 켰다. 나는 화장실 작은 볼일은 몇 번 본 뒤에 물을 내리는데 아내는 "냄새 나는데 뭐 하는 거야. 한 번에 한 번 물을 내려야지. 이게 아껴져?" 하며 화를 돋우는 일을 맨날 한다. 양말과 러닝셔츠를 거꾸로 벗어 세탁기에 넣으면 "바르게 넣어야지." 하며 혼나고, 나는 입을 때 바르게 입으면 된다며 말대꾸하고, 컵을 씻지 않고 물 따라 먹으면 "오염된 걸 씻어서 따라 먹어야지."

하며 매번 같은 일로 아내를 화나게 하며 핀잔을 듣는다. 주머니에 휴지를 넣은 채로 빨래를 돌려 화나게 하고, 아무 데나 코를 풀어 화나게 하고, 물건을 늘어놓아 화나게 한다. 언제나 내 잘못된 습관 때문에 아내를 화나게 하여 반성을 많이 하지만 나이가 들어 갈수록 고집도 더 세지고 남의 말을 듣지 않아 무슨 말만 하면 요즘은 화를 자주 돋우고 핀잔을 많이 듣는다.

화를 다스리는 방법

살다 보면 화나는 일이 많다. 특히 운전 중에 칼치기 난폭 운전으로 화나는 일이 너무 많고, 새벽에 반려견 데리고 나오는 사람들에게 화나는 일도 많다. 분노 조절 장애까지는 아니지만 오지랖이 넓다 보니 다른 사람들 일에 상관을 많이 하고 제풀에 씩씩거리며 화를 많이 내는데 그 화를 삭이는 방법이 있다.

하늘을 보고 들숨 날숨을 번갈아 가며 느리고 크게 30여 회 쉬다 보면 마음도 차분해지고 화도 가라앉는다.

화가 너무 심할 때는 들숨 날숨을 쉰 뒤에 차디찬 물을 한 바가지 벌컥벌컥 들이켜면 거의 모든 화를 다스릴 수 있다.

어머니의 손맛

배고프고 어려웠던 60년대에 뜨덧국은 대부분의 서민 가정에서 많이 만들어 먹던 음식이다. 그때 사용된 밀가루는 주로 '구호품' 밀가루였다. 미국을 비롯한 세계 각국에서 보내온 구호 식량으로 유엔 마크가 그려진 것들도 있었지만 주로 미국 국기가 그려졌고, 악수하는 두 손이 디자인된 포장의 것들도 많았다. 너나없이 모두 가난했던 시절이었기에 면사무소에서 배급하여 주는 구호품 밀가루를 가져다가 칼국수, 수제비 등을 많이 해 먹었다. 너무 많이 먹어서 아직도 그러한 밀가루 음식을 싫어하는 사람도 어른 중에는 많았다. 나의 어머니는 11식구의 음식을 조달하는데 재료가 없어도 항시 모든 음식을 맛있게 하여 음식이 항상 모자랐다. 특히 어머니의 뜨덧국(수제비)은 무잇과도 비길 수 없었다. 뜨덧국(수제비)만 히면 모든 식구가 앉아 게 눈 감추듯이 순식간에 먹어 치웠다. 다른 식구보다 더 먹으려고 뜨거운 것을 넘기려다 목구멍을 데이기도 했다. 어머니의 뜨덧국은 큰 가마솥에 물을 풍성하게 붓고 펄펄 끓으면 큰 통멸치를 한 손 넣고 다시 펄펄 끓인다. 그리고 밀가루 반죽을 손이나 숟가락을 이용하여 먹기에 좋은 적당한 크기로 끊어 내어 끓는 국물에 넣고, 익히며 애호박을 잘라 넣으면 된다. 어머니의 뜨덧국 냄새만 나면 온 동네 사람들이 우리 집을 기웃거리며 이유도 없이 들락거리도 했다. 인심 좋은 어머니는 지나가는 사람도 모두 불러들여 같이 먹었다. 특히 보릿고개인 6월 배고플 때 먹는 어머니의 뜨덧국은 우리 식구를 살렸고, 어머니의 특별한 손맛은 큰 무쇠 가마솥에 짚불로 불을 때서 아무 조미료 없이 천연 큰 밴댕이로 국물을 내고 애호박의 순수한 맛과 어머니의 손맛이 가미되어 그 환상의 뜨덧국이 완성되었다. 지금은 아무리 그 어머니의 뜨덧국 맛을 내려고 해도 나오지 않으며 아내와 아들도 어머니의 뜨덧국맛을 결혼한 뒤에 맛보고 지금도 아주 좋아한다. 아내가 어머니의 비법을 전수했다며 가끔 뜨덧국을 끓이지만 어머니 손맛을 따라가기에는 아직도 멀었다….

여행 후유증

　2014년에 처음으로 아내와 베트남 할롱 베이로 외국 여행을 갔다. 모처럼 아내와 갔기에 그간 못다 한 것을 만회하려고 패키지 관광도 해 주고, 길잡이가 안내하는 곳마다 들러 아내가 산다는 것은 모두 사도록 했다. 커피, 노니, 라텍스, 상황버섯을 사고 기념품도 샀지만 나는 여행 기간 동안 아무것도 산 기념품이 없어서 마지막 날 큰 기념품 시장에 갔다. 이것저것 구경하다 차에서 내리니 소년들이 지갑을 악어 지갑이라면서 2개에 만 원이라고 조자하는데 조금 불량품 같기에 사지 않았다. 그런데 시장 귀퉁이에서 예쁜 여인이 가게 앞에서 진짜 악어 지갑 1개에 2만 원이라고 해서 보았더니 윤이 나며 아주 좋아 보였다. 9만 원에 5개 달라고 했더니 안 된다고 해서 결국 10만 원에 5개를 샀다. "악어 지갑인데, 아주 좋은 거야."라고 생색내며 친구에게 2개, 친지에게 2개를 주고 나도 1개를 가지고 다녔다. 어느 날 지갑을 바지 주머니에 넣고 산에 갔는데 갑자기 소나기가 와서 피할 겨를도 없이 비를 쫄딱 맞았다. 집에 와서 지갑을 꺼내 놓으며 기절할 뻔했다. 지갑이 너덜너덜하게 모두 해져 있었다.

종이에 물감을 칠해 악어 지갑같이 만들어 감쪽같이 자기 가게도 아닌데 가게 앞에서 비싸게 판 것이었다. 혼자 몰래 사서 아내한테 들키지는 않았지만, 나중에는 그냥 만져도 칠이 벗겨지니 친구와 친척도 알고 모두 그런 싸구려를 선물했다며 나한테 항의하였다. 그 뒤에 내가 물건을 주면 가짜라고 모두 손사래를 치며 받지 않았고, 신용을 잃어 다음부터는 외국 여행에서 아무것도 사지 않았다.

이별 후유증

　할아버지, 나의 할아버지. 나는 어려서 할아버지가 아니었으면 이 세상 사람이 아니었다. 아버지가 6.25 전쟁에 참전하여 7년 동안 군에 계셨기 때문에 할아버지가 아버지 대신 나를 돌봐 주셨다. 나를 데리고 일 가시면 할아버지 드실 것을 나에게 더 주시고, 삼촌 둘이 질병에 잘못되었을 때도 나를 잘 보살펴 주었으며, 온갖 말썽을 피워도 감싸 주고, 자취할 때도 그 무거운 쌀을 짊어지고 가져다주셨다. 어려서부터 멀리 갔다 오면 좋은 일화, 옛날 성인들의 이야기 등을 들려주시면서 지금의 내가 있게 만들어 주신 할아버지였다. 1989년 6월 23일에 할아버지가 좋아지셔서 일어났는데 갑자기 종섭이 네가 보고 싶다고 불러 달라셨다며 어머니께서 전화하셨다. "지난주에 가서 뵈었는데 지금은 바빠서 다음 주에 갈게요." 하고 내려가지 않았었다. 그리고 6월 24일에 할아버지께서 운명하셨다고 연락이 왔다. 그때 6학년 담임을 하고 수업 중인데 나도 모르게 왈칵 눈물이 나와 큰 소리로 울었다. 정신을 차릴 수 없어 숙직실에 한참 누워 있었다. 어제 가지 않은 일이 후회되고 큰 불효를 저질렀다는 자책감이 들었다. 정신적 지주인 할아버지가 안 계시니까 허둥대고 몇 달간은 일이 손에 잡히지 않았으며 소화도 되지 않았다. 아내는 "할아버지가 당신 이런 꼴을 보면 좋아하시겠다." 하며 잔소리를 했지만, 할아버지의 작고는 나에게 상당 기간 후유증을 남겼다.

연애 방법!

 1979년 31살까지 결혼을 못 해서 집에서나 직장에서나 뭐가 부족한 것 아니냐는 말을 많이 들었다. 그러다 가평 설악 미원초등학교로 전보를 받았는데 그 당시 전라도에 교사가 넘쳐 발령받지 못한 처녀 교사들이 경기도로 발령을 받았다. 그 결혼 안 한 처녀 선생들이 설악면에 열네 명 발령받았는데 모두 25살 미만으로 풋풋해서 때는 이때다 하고 그중 한 명을 점찍었는데 그 사람이 홍 선생이다. 우연히 옆 반을 같이 쓰게 되어 작전을 세웠다. 마침 출입문이 우리 반 옆이라 홍 선생 반 아이들이 신을 신고 들어가거나 떠들거나 출입구를 소란하게 하면 무조건 잡아서 우리 복도에 세워 놓았다. 그러면 신규 교사라 화가 잔뜩 나 우리 반으로 와서는 왜 자기 반 아이들을 세워 놓았느냐고 화를 낸다. 그리면 나는 늘 능글거리며 학교 규칙을 지킨다고 말했고 홍 선생은 더 화가 나서 대들다 씩씩거리며 돌아갔다. 몇 번 그런 일이 반복되고 점점 미운정이 들어갈 즈음이었다. 그 당시는 남자의 용기가 통하던 시대였다(깡패들은 미인과 결혼을 잘했고, 내 친구 박용덕은 좋아하는 여자 집 앞에서 사흘 동안 가마니 깔고 있다 결혼했고, 친구 문갑승은 사람이 많이 다니는 곳에서 '내 여자다!' 소리 쳐서 결혼한 일도 있다. 또 내가 아는 사람은 온 동네 사람들에게 선물을 하며 뉘 집 딸이 나하고 결혼한다고 소문을 내서 결혼했다). 그래서 나도 결혼 작전을 짰다. 근무하던 학교 교감 선생님이 얼마나 무서웠던지 여선생들은 그 앞에 서 있지 못할 정도로 무서워했는데 종례 시간에 늦으면 불호령이 떨어지곤 했다. 작업을 하기로 한 날 홍 선생 교실에 가서 종례에 출발하려는 시간에 의자에 앉아 있는 홍 선생의 양팔을 붙잡고 "내가 너를 좋아한다. 나하고 결혼할래?"라고 말했다. 그러자 종례에 늦는다며 팔을 놓으라고 했다. 그렇지만 끝까지 놓지 않고 20분 이상 있다가 결국 결혼하겠다는 답변을 받아 냈다. 양팔을 놓고 교무실에 가서 교감 선생님께 혼쭐이 났지만 결혼하게 되어 41년째 잘 살고 있다.

공포 이야기

 고향에 산소가 있어 추석 때가 되면 미리 가서 선산의 벌초를 하곤 했는데 선산이 300평이 넘어 하루 만에 하기에는 벅찼다. 하루는 벌초하고 다음 날은 풀을 긁어내 정리하며 이틀을 일했다. 잠자리 숙소가 마땅치 않아 어느 해는 찜질방에서도 자고 또 어느 해는 숙박업소에서 자곤 했다. 6년 전에는 고향집 폐가에서 자고 싶어 종일 벌초를 한 뒤 저녁밥을 읍에서 사 먹고, 술을 안 먹은 지 40년이 되었지만 피곤하고 힘이 들어 맥주 한 캔도 마셨다. 고향집 폐가에 도착해서 어두컴컴하지만 마당에 풀도 뽑고 뒤꼍의 대나무도 잘라 정리했다. 안방으로 들어가 부모님이 쓰시던 이불을 펴고 휴대전화를 만지작거리며 시간을 보내고 있는데 전기도 안 들어오고 수도도 끊어진 지 몇십 년이라 할 수 있는 게 없어 잠이나 자려고 누웠다. 시골의 온갖 잡소리가 그때부터 들리기 시작했다. 천장에서는 먹을 것도 없는데 쥐들의 달리기가 시작됐고, 개들은 엄청나게 짖었으며, 애 울음소리 같은 이상한 고양이 소리와 1년 내내 텃새가 된 까마귀 우는 소리와 뒤꼍의 대나무 바람 소리들이 스산하게 시작되는 초가을의 무서운 일화를 들려주는 것 같아 마음이 울적했다. 고향집에서 증조할머니, 할아버지, 할머니의 상을 직접 보았고, 어렸을 적 마을이 커서 상여를 동네 골목 두 곳에 매달아 놓아 모든 커 가는 어린이들이 무서워했으며, 우리 집 옆 탱자나무 아래서는 소금 장수가 잘못되어 죽은 일이 있었다. 그런 생각들이 주마등처럼 잠을 어설피 못 들게 했으나 좀체 무서운 걸 못 느끼는 체질이라 잠이나 자자고 눈을 감으니 벌레가 있는지 몸이 너무 가려웠다. 옷을 몽땅 벗고 평소 잠자는 버릇대로 홑이불을 뒤집어쓰고 잠에 들었는데 잠결에 갑자기 무엇이 내 몸 위로 떨어지는 느낌이 들었다. 목을 죄는 것 같아 머리를 치고 엄청난 소리를 지르며 일어났는데 시꺼먼 형체가 보였다. 그 형체가 내 몸 위로 덮치며 이상한 귀신 소리를 냈다. 내 몸을 더듬더니 뒷문으로 괴상한 소리를 내며 문을 박차고 뒤꼍 대밭으로 나갔다. 나는 "사람 살려!"라는 소리와 함께 동네 길로 뛰쳐나왔다. 사람 살려라고 고함을 치자 옆집 60대 늙은 총각이 손전지를 들고 나와 불을 비췄다. 벌거벗은 나를 보자 사람 살려라고 하며 자기 집으로 뛰어 들어가 버렸다. 어쩔 수 없이 "나야! 나 종섭이야!" 하고 따라 들어가 불을 켜고야 나를 알아봤다. 왜 벌거벗고 있느냐고 하길래 자고 있는데 귀신이 내 이불 속으로 들어와 놀라서 그랬다는 이야기를 하고 같이 집에 가서 옷 좀 가져오자고 말했다. 자기는 못 가겠다고 하며 손전지를 빌려 혼자 옷을 가지러 집으로 갔는데 얼마나 떨리던지 다시 그 유령이 나올까 봐 정신없이 옷만 가지고 그 밤중에 차를 가지고 부안읍으로 갔다. 찜질방에 들어가 찜질방 주인을 깨웠더니 "귀신을 보았나요. 얼굴이 너무 창백해요."라고 했다. 잠도 한숨 못 자고 다음 날 버스 타고 집으로 돌아왔는데 아내나 만나는 사람마다 귀신 보았느냐고 물었다. 얼굴에 쓰여 있냐고 물었더니 얼굴이 하얗게 질려 있다고 해서 며칠 마음고생을 했다. 도대체 무엇이 그 밤중에 나를 짓눌렀나 생각했지만 알 수가 없었다. 며칠 뒤 고향 사는 매제의 전화가 와서 벌초하셨느냐고 묻기에 귀신 본 이야기를 했다. 형님 죄송하다고 하면서 부안에 일하러 온 사람이 있는데 숙소가 없다고 해 형님네 폐가에서 살 수 있으면 살라 했다며 연락 못 드려 죄송하다고 했다. 그 사람도 귀신을 보았다고 하며 얼마 전 대나무에 찔린 발바닥 상처를 치료하고 부안은 귀신이 있어 살 곳이 못 된다며 부안 집에 짐 있는 것 모두 그대로 놓고 떠났다고 했다. 그제야 그 사람이 술에 취한 채로 밤늦게 폐가에 와서 잠자는 나를 보고 놀라 도망치다 다쳤구나 하고 미스터리가 해결되었다. 세상에 귀신은 없다는 걸 절실히 느꼈다.

시작은 있다

 2006년부터 주말농장을 하며 김치 담그기와 각종 음식 만들기에 도전하여 이루 셀 수 없이 음식을 만들어 집 식구와 같이 먹은 것이 벌써 15년이 되었다. 그래도 여러 음식에 실수 없이 해서 아내한테 칭찬을 많이 들었다. 볶음밥은 대여섯 가지를 만들 수 있고, 오삼불고기, 탕수육, 박속낙지탕, 호떡도 만들었다. 2022년에만 해도 김치를 7번 이상 담갔으며 2022년 11월 말에는 배추김치, 달랑무김치, 동치미, 파김치, 갓김치, 무생채, 깍두기, 백김치 등을 모두 혼자 담갔다. 지금까지 100가지 이상 여러 음식을 하였다. 그런데 두 가지를 실패하였는데 바로 팥죽과 묵이다. 팥죽을 만들 때는 새알심이 흩어지지 않게 단단히 뭉쳐야 하는데 너무 설렁설렁 뭉치다 보니 새알심이 흐트러진 게 문제였고, 또 내가 단 음식을 좋아해서 계속 설탕을 넣다 보니 담백하고 고소해야 할 팥죽이 너무 달아 식구들 모두 먹지 못했다. 그리고 묵 쑤기는 처음부터 1:6의 비율로 묵가루와 물을 섞어야 하는데 더 찰랑거리고 맛있으라고 1:5로 섞었더니 끓기 시작했을 때 한쪽으로 젓는 것이 잘 나가지 않았다. 화장실 간 사이에 이상

한 탄 냄새가 나서 급히 나와 보니 묵 냄비에 연기가 나며 불이 붙기 일보 직전이었다. 빨리 불을 끄고 혹시 몰라 방석으로 덮어서 마무리했는데 결국 냄비, 방석, 가스버너는 아내 모르게 버리고 집에 불이 나지 않은 것을 다행으로 여겨야 했다. 그렇게 단팥죽과 묵 쑤기는 실패하였다.

또한 5년 전 외발자전거를 사서 연습하려다 어깨를 다쳐 연습을 못 하고 창고에 넣어 놓았다. 올해엔 꼭 외발자전거를 타야지 생각하고 계획을 세웠지만, 철인 경기 대회가 많아 대회가 모두 끝난 11월부터 외발자전거 타기 연습을 해야겠다고 계획을 세웠다. 11월 12일 날 꺼내서 아파트 앞에 있는 롤러장으로 가서 몇 번 올라타는 연습을 하다 되는 것 같아 벽을 잡고 출발하다가 고꾸라졌다. 넘어지며 오른쪽 갈비에 금이 가고 오른손을 땅에 짚으며 결국 새끼손가락과 집게손가락의 인대가 늘어나는 중상을 입고 말았다. 외발자전거는 5년간 계획을 세웠었지만 결국 완성을 못 하고 다시 창고에 넣고 말았다.

늦바람

　90년대 후반에 게임기가 많이 보급되었다. 그때 재믹스라는 게임기를 아들에게 사 주어서 공부하는 중 가끔 게임을 하게 했다. 어느 날 그러던 중 아들과 딸이 게임하며 "아빠도 한번 해 보세요."라고 하길래 "선생이 그런 게임 하면 안 되지." 하며 그때는 하지 않았다. 어느 날 아들딸이 하지 않는 사이에 게임을 해 보았는데 세상에 상당히 재미가 있었다. 그중 재믹스 테트리스라는 게임이 있었는데 1단부터 격파해서 2단, 3단, 4단으로 계속 올라가는 그 재미가 너무 좋아 매일 시간만 나면 게임을 했다. 어떤 때는 토요일, 일요일에 종일 해서 아내한테 핀잔을 듣기도 했다. 그러면 작은 방으로 몰래 가지고 가서 하고, 아들딸과 시합하다 며칠 게임 정지를 당하고, 용돈도 깎이며 곡절을 겪었다. 아내가 출장 간 사이 3일을 연속으로 했는데 3일째 되는 날 어깨가 너무 아파 움직이기 어려워서 병원에 갔더니 오십견이라고 운동 너무 열심히 하지 말라고 했다. 게임했다고는 못 하고 철봉 하다 그랬다고 거짓말을 했다. 내가 이 나이에 오십견 걸린 것도 문제지만 또 애들과 게임이 웬 말인가 싶어 몹시 아파지고 나서야 게임의 유혹에서 빠져나왔다.

나를 유혹하는 한마디

 남자가 고스톱도 못 하고, 술도 안 마시고, 노래도 못하고 할 수 있는 게 뭐야? 1992년 전보로 이동한 학교에 있을 때였다. 그 당시 교감 선생님이 고스톱을 좋아해서 퇴근하면 숙직실에 모여 남선생님들끼리 고스톱을 했는데 그중 나만 빠지니까 내 또래인 정 선생 등 몇 명이 나만 만나면 하는 소리였다. 남자가 못 하는 것 있으면 선생 그만 두어야 한다며 꾸준히 고스톱 판에 나를 끼게 하려고 유혹했다. 넘어가지 않은 지 몇 개월 되니 이번엔 경마 광풍이 불어 경마책이 숙직실에 뒹굴었다. 잘 아는 조련사가 정보를 주었다며 주말만 되면 경마장으로 갔다. 그런데 얼마 뒤 허 기사가 1위를 맞춰 대박이 나며 경마 열풍이 본격적으로 불었다. 다른 선생들도 돈을 따서 아내 생일에 금목걸이 5돈을 해 주었다고 하며 끊임없이 나를 경마상에 데려가려고 유혹하였다. 이 선생은 나만 만나면 남자는 배짱, 여자는 절개라면서 "배짱 좀 키워 봐. 허 기사는 한 방에 700만 원을 벌었고, 이 선생은 80만 원이야. 1, 2만 원으로 스트레스도 풀고 즐길 수 있어. 도박이 아니야."라며 끊임없이 유혹하였다. 그래도 넘어가지 않자 얼마 뒤 허 기사가 대부받는 데 보증을 서 달라고 왔다. 돈 땄다고 하더니 어찌 된 일이냐고 했더니 재투자해서 다 잃고 대부받아서 하려고 한단다. 그만하라고 했으나 모두 멈추지 않았다. 결국, 허 기사는 빚이 많아지고 아내가 이혼을 신청하자 결국 세상을 하직하였다. 그래서 지금까지 카지노와 경마장에는 가 본 적이 없다.

귀성 전쟁

  1989년 구정 때 내가 육 남매의 장남이라 고향 부안으로 가기 위해 준비를 철저히 하자고 주먹밥에 아이들 간식과 물, 음료수를 넉넉히 준비했다. 비닐봉지와 빈 병도 챙겨 구정 이틀 전 새벽 4시에 잠든 아이들을 그대로 차에 태우고 고향으로 출발했는데 시작부터가 차가 밀렸다. 안양에서부터 차가 얼마나 밀리던지 수원 가서 경부고속도로 들어가는 데(그 당시는 서해안 영동고속도로가 없었음) 3시간이 걸렸다. 경부고속도로는 그야말로 주차장이었고 갓길에도 모든 차가 점령했다. 휴게소도 주차장이 되어 들어갈 수 없었다. 아이들은 잠에서 깨자마자 먹을 것을 달래서 먹였는데 큰애는 차 타는 것을 좋아하지 않아 계속 칭얼거렸다. 소변을 보고 걸어도 차보다 빨리 가고 나중에는 병으로 소변을 해결했으나 추위와 운전 스트레스 때문에 집사람은 신경이 예민해졌다. 계속 배가 아프다고 하는데 별수 없이 수풀이 있는 갓길로 차를 세우고 볼일을 봤다. 조금만 늦어도 뒤차는 계속 빵빵거리는데 그것도 한두 번이지 몇 번 그러다 보니 나도 짜증이 나고, 애들은 계속 울었다. 그렇게 천안까지 가는 데 11

시간이 걸렸다. 그때는 경부에서 갈라지는 호남고속도로가 단선이라 대전으로 가다가는 안 될 것 같아 천안에서 23번 국도로 나갔는데 그것이 실수였다. 내비도 없던 시절이라 어둠 속에서 긴 차의 후미등 불빛만 보고 앞차를 따라가는 형국인데 아내는 운전을 못 해 나 혼자 계속하니 졸음이 와서 깜빡깜빡 몇 번 앞차와 충돌할 뻔했다. 또 애들이나 아내가 급하다고 해서 차를 세우면 뒤차에서 빵빵거렸고, 어떤 신호등은 7번이나 기다려야 건널 수 있었다. 그런데 논산쯤에서 일이 터지고 말았다. 우리 뒤차는 아줌마가 운전하고 있었는데 조는 건지 우리 차를 살짝살짝 추돌하기에 그냥 갔는데 갑자기 쾅 받는 것이었다. 내려서 조심하라고 했더니 자기는 절대 추돌하지 않았단다. 한참 말다툼하다 흠집만 조금 나서 없던 일로 하고 갔는데 또 박았다. 이번에는 아내도 화가 나서 내려서 따졌더니 적반하장으로 우리 차가 뒤로 밀려났다고 생떼를 쓰는 것이었다. 블랙박스가 없으니 증명할 수도 없고 뒤에 있는 차들은 빨리 가라고 아우성이고 증거도 없고 해서 없던 일로 하고 겨우 다음 날 저녁 10시에 집에 도착했다. 설날 차례는 지내지도 못하고 우리 식구 모두 잠을 자다 할아버지 불호령에 일어나 밥을 먹고 쫓겨나 설날 당일 14시에 다시 귀경길에 올랐다. 9시간이 걸려 12시경 다음 날에 집에 파김치가 되어 도착하였다. 그 뒤로 두 아이는 차를 타고 시골 간다면 자기들은 집에 있겠다고 엄마 아빠만 다녀오라고 했다. 그 뒤로 명절에는 어쩔 수 없이 당분간 나 혼자만 시골집에 갔다.

귀성길 예매 전쟁

  1980년대 고향 가는 기차표를 사려면 그 전날부터 역에 가서 줄을 서서 밤을 꼬박 새워 다음 날 기차표 팔 때까지 기다려야 기차표를 살 수 있었다. 나나 아내가 직장에 나가기 때문에 퇴근하고 안양역에 6시쯤 가니 줄이 벌써 100m는 넘게 서 있었다. 그때는 차도 없던 때라 부모님이 계시는 고향에 가는 길은 유일하게 기차를 타는 수밖에 없어 나도 부득이 가지고 간 신문지를 바닥에 깔고 밤을 새우기 시작했다. 밤이 되자 아내가 담요와 깔개, 먹을 것을 가지고 와 자리를 잡고 추운 날씨에 대비해 완전 무장을 갖추었다. 그런데 밤중이 되자 사람들 이동이 잦고 술 먹는 사람 또 교대하는 사람들이 있어 어수선해지기 시작했다. 내가 있는 곳은 좌석을 구하기 어려운 위치라 아내한테 자리를 맡기고 줄을 서 있는 사람들을 살피며 가고 있을 때였다. 앞쪽에 있던 아주머니가 "선생님!" 하고 부르기에 보았더니 우리 학교 학부형이었다. 그분 옆에서 어디 가느냐고 이야기하다 살금살금 눈치를 보며 학부형이 제 앞에 서라고 했다. 살짝 끼어 섰는데 아무 일 없기에 그대로 있었다. 조금 있다 아주머니 뒤에 있던 사람과 건장한 남자가 교대하더니 그 남자가 갑자기 내게로 와 "당신 뭐야. 왜 거기 서 있어?" 하며 삿대질을 했다. "왜요. 여기 내 자린데."라고 했더니 "무슨 소리야. 내가 오후 1시에 1번으로 서 있다가 잠깐 볼일 보고 오니 벌써 몇 사람이 와 있어서 여기에 서 있게 됐는데 당신은 본 적이 없어. 새치기하지 말고 빨리 꺼져."라고 하자 학부모가 "선생님인데 좀 봐주시면 안 될까요?"라고 했다. 그 남자는 "뭐, 선생님? 안 되지. 더군다나 선생님이 새치기하면 안 돼. 빨리 꺼져."라고 말하니 사람들은 몰려오고 창피하기도 해 먼 산 보며 화장실에 갔다. 결국, 아내가 있는 제자리로 돌아왔는데 너무 창피하고 쥐구멍에라도 들어가고 싶은 심정이었다. 자정이 되자 술판과 슬금슬금 싸움이 일어나기 시작했는데 그때는 살벌해서 화장실을 가려면 옆 사람 뒷사람에게 부탁해도 안 되고 꼭 가족이 서 있어야 했다. 그렇지 않을 경우는 싸움이 나는데 결국 아내를 집에 보내서 어린애들까지 오게 했다. 교대로 서 있는데 혼자 온 사람들은 화장실 갔다 자리 때문에 곳곳에서 싸움이 벌어지고 술판 때문에 또 싸움이 벌어졌다. 꼬박 15시간을 줄 서 있다 다음 날 아침 9시에 표를 팔기 시작했다. 내 차례까지 왔지만 벌써 좌석은 동이 나고 입석만 있다기에 고향에 안 갈 순 없어 입석 4장을 샀다. 고향이 뭔지 하며 허탈해했지만 결국 고향을 못 가고 말았다. 아이 둘 데리고 김제까지 가서 김제에서 버스를 타고 다시 부안으로, 부안에서 다시 택시를 타고 집에 가야 하는데 다시 돌아올 일도 막막하여 결국 15시간만 고생하고는 고향 가는 길을 포기하고 말았다.

첫 번째 내 집

 첫 번째 집을 사서 이사 가던 날 사건 사고 건수가 유난히 많았다. 그때는 포장 이사도 없어 빈 상자를 주워다 이삿짐을 싸서 용달차에 싣고 가야 했다. 나는 전에 살던 전셋집 5층에서 이삿짐을 곤돌라에 실어서 아래로 내려 보냈는데 곤돌라가 바람에 출렁이다 아랫집 창틀을 때려 버렸다. 아랫집 주인과 창틀을 다시 해야 한다고 시비가 붙고 겨우 유리값과 창틀을 펴 주는 것으로 해결을 봤다. 이사 갈 집으로 전화가 와서 받는데 박종섭이가 교통사고로 사망했다는 전화에 아내랑 아이들이 난리가 나 병원을 찾아다니고 울고불고 했단다. 내가 이삿짐을 가지고 가니 누가 장난 전화를 해서 그렇다고 안심을 했지만, 지금으로 말하면 전화 금융사기가 아니었을까 싶은 생각이 든다. 또 이삿짐 실어 나르는 사람들이 변기에 쓰레기를 버려 변기가 막혔다. 어쩔 수 없이 그날은 사용을 못 하고 공중화장실로 뛰어다니며 볼일을 보았고 다음 날 수리공을 불러 변기를 다시 설치했다. 집을 판 주인이 이사 날짜가 맞지 않아 15일을 우리 집과 같이 동거하며 지내다 자기 집은 소파도 필요 없고 장식장도 필요 없으니 싸게 사라고 해서 샀는데 실은 나중에 알고 보니 구입 가격보다 더 비싸게 산 것이었다. 물건을 사려면 자기가 아는 가구점이 있으니 싸게 사 준다고 해서 문갑을 사러 갔는데 가구점 사장이 요즘은 같은 문갑으로 사지 않고 다르게 산다고 해서 틀린 문갑을 두 개 샀다. 그런데 10년 뒤에 가구를 바꾸려고 다른 가구점 사장님이 오셨는데 세상에 이렇게 문갑을 사는 집도 있다며 그 사람들이 완전히 속였다고 했다. 첫 번째 집을 산 액땜으로 생각하자며 스스로를 위로하였다.

사랑과 전쟁

 1980년 4월 6일 결혼식 전날과 결혼식 날 비가 억수같이 내려 시골집에 가서 인사만 드렸다. 교사가 나와 아내만 있는 학생 수 20명인 분교에 근무하는 관계로 학생들을 놀릴 수 없었다. 하루만 연가를 내서 바로 시골 완행버스를 두 번 갈아타고 신혼여행지인 공주에 도착했으나 벌써 해가 떨어져서 어두컴컴했다. 아는 곳도 없고 하여 버스 내린 곳에서 바로 국밥집에 들어갔지만 이상한 냄새가 난다고 식사도 하지 않는 아내를 놓아두고 국밥 한 그릇을 먹었다. 돈이 없어 호텔 갈 처지가 못 되어 바로 옆에 있는 여관에 들어갔다. 제일 좋은 방을 준다고 했는데 곰팡냄새가 나고 이불은 더럽고 잠을 이룰 형편이 못 되었다. 그러나 나는 32살에 장가를 가서 그런지 모든 것이 행복하고 즐겁기만 하여 농담도 하고 사세에 가서 먹을 것도 사다 주고 했으나 아내는 즐겁지 않은 표정이었다. 그날 밤을 뜬눈으로 새운 것 같은 아내의 얼굴을 보며 다시 버스를 탔다. 우리 직장인 가평군 설악면까지 가려면 버스를 세 번 갈아타야 하는데 서울 상봉터미널에서 내리자 멀미를 심하게 했다. 마석고개를 넘어가는데 커브가 얼마나 심하던지 결국은 내려 한참 쉬다 다음 버스를 타고 청평읍에서 내렸다. 다시 설악면에서 내리자 또 멀미를 했다. 오토바이를 타고 집까지 갔으나 나는 늦게 결혼하여 내내 즐거운 신혼여행이었지만 아내는 괴로운 여행이었다고 나중에 실토하였다. 그 뒤로도 버스만 타면 멀미가 너무 심하여 서울에는 나 혼자 왔다 갔다 하고 아내와 여행도 같이 다니지 못했으며 청평까지도 10여 km를 오토바이를 사서 뒤에 태우고 다녔다. 신혼 때는 멀미와의 전쟁 때문에 방에서 화투만 치다 말았다.

뼈아픈 실패

　2000년쯤에 수맥 찾기라는 책이 많이 나왔다. 집에 수맥이 흐르면 몸이 건강하지 못한다고 하여 수맥 찾기를 하면 도움이 될 것 같아 용구를 여러 가지 만들었다. 직접 실험도 하고 산이나 들 심지어 다른 친구의 집을 찾아다니며 수맥을 찾아 준다고 호들갑을 떨었다. 봉사 활동을 캄보디아로 가게 되어 찾아간 마을에서 우물을 파고 싶다고 해서 내가 찾아 준다고 장담하며 나뭇가지를 꺾어 여러 곳을 다니며 수맥을 찾아다녔다. 그 결과 틀림없이 수맥이 흐르는지 버드나무 가지가 아래로 처지기에 이곳을 1m만 파도 물이 나올 거라고 큰소리 탕탕 쳤다. 땅을 팠으나 2~3m 들어가도 물은커녕 마른 흙만 나와 창피를 똑똑히 당했다. 지금도 수맥 기구를 들고 연습하고 있으나 실패가 더 많다.

결정 장애

 8년간 전북 부안에서의 교직 생활을 뒤로하고 1979년 경기도 가평군 설악면 미원초등학교로 발령을 받아 2년을 근무하다 결혼과 동시에 엄소 분교로 발령을 받았다. 학생 수 20명에 교사는 아내와 나 둘이고 학교 아저씨가 한 사람 있어 세 사람이 근무했다. 마을 중간에 분교가 있어 동네 분들과도 허물없이 지내게 되었다. 유명산 아래 있는 가일분교 선생님께서 분교와 본교에 10년째 근무하고 계시면서 봉급으로 가일분교 옆 산을 사고 있다면서 동네 학부형인 이장님이 와서 나에게 분교 뒤에 있는 산이 평당 150원 하니까 사라고 했다. 만일 돈이 없으면 매달 봉급에서 지불하면 된다고 하셨다. 그때 학교 뒷산은 크기가 2만 평에 가까운 산으로 잣나무가 조금씩 심어져 있고 참나무가 들어차 울창한 숲을 이루는 산이었다. 그때 봉급은 5만 원이 못 되는 처지라 결혼도 했고 또 모아 놓은 목돈도 없었으며, 봉급으로는 생활과 본가에도 보내야 하는 처지였기에 선뜻 나설 수가 없었다. 다음 기회에 돈이 모으면 사겠다고 말씀드렸으나 몇 번이나 와서 봉급에서 얼마씩 주어도 되니 매달 봉급에서 지불하여 사라고 하셨다. 본인이 돈이 급하여 그러니 아무 생각 말고 사면 후회는 안 할 거라는 말을 하면서 잣 수확도 하니 몇 년 지나면 수익이 좋아질 거라고 하셨다. 그 뒤 4년 근무하고 도시로 나오면서 그 산을 살 수는 없었으나 지금은 서울에서 춘천 가는 고속도로가 생기고 바로 인터체인지가 그 아래 생겨 천청 부지로 땅값이 올라 수십억 땅으로 변해 있다. 인생사 새옹지마라고 그 땅이 없어도 행복하게 살고 있으니 아쉬울 것은 없다.

스피드 중독!

성격이 급해서 그런지 운전대만 잡으면 스피드에 빠지고 만다. 양부모님이 편찮으셔서 고향에 계실 때 1년에 30회 이상은 240km를 갔다 왔는데 어떤 때는 1시간 39분에 도착한 적도 있었다. 대개는 2시간이면 고향에 갔는데 주행 속도는 140~150km/h 되었던 같다. 심지어 60km/h인 지방도로에서 160km/h로 가다 범칙금이 12만 원이 나온 적도 있다. 아내 모르게 수도 없이 범칙금을 물었으며 경기 대회에 갔다 올 때도 속도에 많이 걸렸다. 집에 오면 왜 이리 빨리 왔느냐고 물으면 차가 뻥뻥 뚫렸다고 거짓말을 했다. 이제는 아내가 알아서 "당신 죽지 않거나 남한테 피해 주지 않으려면 절대 천천히 달려야 돼." 하며 내 차 뒤에 '초보'를 써서 붙여 주었다. 천천히 다니도록 해서 요즘엔 규정 속도를 지키고 있는데 아직도 운전대만 잡으면 스피드에 빠져서 가끔 옆 운전자들이 창문을 열고 초보가 왜 이리 빨리 달리냐고 한마디 듣는다.

척 보면 안다

내가 당신을 척 보면 알지. 우리 아내는 그런 말을 자주 한다. 내가 모든 일에 너무 자신 만만하고 허점을 보이기 때문이다. 5년 전 2월 28일자로 퇴직하고 굳은 결심으로 3월 2일에 국토 종주를 결심하고 안양에서 부산까지 하루 만에 자전거를 타고 간다고 큰소리쳤다. 그 전날 출발 준비하는데 아내가 "옷을 더 따뜻하게 입고 가라. 자세히 계획을 짜고 가느냐. 혹시 못 가면 잠잘 곳을 알아보고 가야 한다."라고 했지만 나는 360km야 15시간이면 갈 수 있다고 큰소리 치고 다음 날 새벽 4시에 출발 준비를 했다. "당신 하루 버티기 힘들 것 같은데."라고 하길래 재수 없는 소리 하지 말라고 하고 출발했다. 첫 번째 오판이 자전거를 타면 더울 줄 알았는데 옷을 얇게 입어서 너무 추웠고, 가면서 사전거 동호인을 만나 물어보니 부산까지 사전거 길로 700km나 된다는 것이었다. 또 엠티비 자전거라 속도가 나지 않았고 언덕과 보급을 충분히 준비하지 않아 배는 고프지, 쉴 곳은 마땅치 않지 그렇게 15시간이 걸려 250km 충주댐에 도착했다. 정말 사력을 다해서 250km를 온 것이다. 숙박지를 찾아서 헤매는데 아내의 '척 보면 압니다.'라는 말이 떠올라 하룻밤 자고 집으로 돌아오니 아내는 "당신 하는 일은 척 보면 알지." 하며 지금도 놀린다.

나의 척척척!

　글씨를 너무 못 써서 직장에서도 상사한테 핀잔을 들어 교정하려고 유명한 예당이라는 성인 서예학원을 등록하여 다니기 시작했다. 아들도 글씨가 개발새발이라 아내와 상의하여 초등학생만 가르치는 서예 학원에 등록했다. 얼마 지나지 않아 아들이 서예 교본을 학원에서 받아 왔는데 교본에 빠진 글자도 있고 반토막 난 글자도 있었다. 책 편집이 잘못되었는지, 인쇄가 잘못되었는지 내가 보기에도 엉망이었다. 이런 책을 주다니 하고 아내한테 학원에 가서 책을 바꾸어 오라고 했더니 당신이 서예 공부를 했으니까 가서 바꾸어 오라고 하길래 아들이 다니는 서예 학원으로 갔다. 서예 선생님께 추사체가 어떻고 행서 초서 등 내 알량한 서예 지식을 총동원하여 아는 척하다 서예 교본을 내밀면서 "세상에 이렇게 책을 만들 수 있나요?" 하고 아들의 서예 선생님께 말씀드렸다. 선생님이 어이없다는 표정으로 웃으며 "교직에 몇 년 계셨어요?" 하고 묻는 것이었다. 그러더니 "선생님, 이 책은 탁본을 떠서 만든 책이에요." 하는 것이다. 그때까지 탁본이 무엇인지도 몰랐는데 너무 망신스러워서 내 서예 학원을 중지했다. 아들도 학원을 차마 보낼 수가 없었다.

내 자식 맞아?

내가 워낙 망나니같이 천방지축으로 크고 어려움을 겪으며 32살에 얻은 큰애라 애지중지하며 어려운 일은 절대 시키지 않았다. 그저 공부만 하라고 하고, 알바를 한다고 해도 못 하게 했으며 그 외 원하는 것은 다 들어줬다. 돈을 낭비해도 용돈을 넉넉히 주고, 어렸을 때부터 집안일이나 어려운 일을 시키지 않으니 나와 정반대의 성격으로 자랐다. 모든 일이나 성격이 나와 정반대의 환경에 처하게 되어 나약하고 근심 걱정 없이 생활했다. 먹는 것도 그 시절 비싼 거버 이유식이나 맛있는 것만 사서 먹였더니 지금도 한국 음식은 먹지 않는다. 어떤 때는 내 자식이지만 모든 것이 나와 맞지 않으니 내 자식인가 하는 생각이 너무 많이 든다.

나를 힘들게 한 스트레스

조립식 아파트에 살 때이다. 조립식이다 보니 층간 소음이 너무 심해서 윗집에서 말하는 소리, 텔레비전 소리 심지어 부부 싸움 하는 소리, 사랑하는 소리까지 들렸다. 그러려니 하며 소리야 우리 집에서도 사람이 살다 보면 나는 소리니까 참고 살았는데 어느 날 새벽 4시가 조금 넘어 화장실에서 쪼르르르 하고 소변보는 소리가 들리는 것이었다. 나는 잠이 없어 새벽 5시면 깨서 활동하는데 그러려니 하고 지냈지만 그다음 날부터 이건 매일 너무 크고 길게 들려 매일 스트레스가 쌓이는 것이었다. 어떤 날은 자기가 힘이 좋다고 일부러 그러는 것이 아닌가 싶을 정도로 5분쯤은 쪼르르 하고 내니 이건 남자의 자존심도 있고 아내가 깼는지 눈치도 보여서 몇 개월을 참았다. 매일 그놈의 긴 소변 소리 때문에 새벽에 더 일찍 깨고 도무지 참을 수가 없어 결국 윗집에 찾아갔는데 아무도 없었다. 찾을 수도 없어서 참다가 한참 뒤에 만났다. 나이 든 어르신 두 분이 몇 개월 전 이사 와서 살고 있었는데 자기는 절대 변기에 소변을 본 일이 없다고 잡아떼는 것이었다. 나는 큰 소리가 아랫집에 들릴까 봐 변기 옆에 잘 조준해서 소리 나지 않게 소변을 보는데 그렇게 소리 나게 싸고 아니라고 잡아떼니 어이가 없었다. 결국 새벽에 소리 날 때 그 집으로 가서 초인종을 누르고 지금 소변을 보지 않았느냐고 할아버지께 물었는데 안 보았다고 하는 것이다. 할아버지는 기운이 없어 앉아서 소변을 본다는 것이었다. 그럼 화장실에 누가 갔느냐고 물으니 할머니가 갔다고 한다. 분명 할머니 소변 소리는 아닌데 싶어 "할머니, 무엇 하셨어요?"라고 했더니 할아버지 자리끼를 주전자에 떠다 놓았다가 남은 물을 화장실에 부었다고 하셨다. 그래서 화낼 수도 없고, "할머니, 그 소리가 소변 소리하고 똑같아요. 1년 동안 스트레스가 엄청 쌓였어요."라고 했더니 아파트 생활이 처음이라 미안하다고 하며 1년간의 스트레스는 다음 날로 막을 내리게 되었다.

내 인생의 특종 사진

몇 년 전 말벌 돌풍이 불어 나도 대추말벌집을 찾으러 산에 갔다. 마침 백운산 개울가에서 큰 말벌집을 발견하여 말벌주를 담그려고 단단히 준비물을 챙겼다. 우선 벌집 따는 도구가 없으니까 우의와 모자, 비닐봉지 그리고 만일에 대비하여 모기약을 준비하고 말벌집을 따러 출발했다. 전에도 가끔 산에 갔다 벌에 쏘인 일이 있어 내성이 조금은 생긴 것 같아 큰 준비를 하지 않은 것이 화를 부르고 말았다. 말벌은 집 가운데 구멍이 있어 그곳으로만 들락거리는데 거기를 막으면 되는 줄 알았다. 수색병이 늘 주위를 관찰하고 다니는 것을 몰랐던 것이다. 말벌집 구멍을 막고 말벌집을 큰 비닐봉지에 담았는데 어떻게 연락이 되었는지 수색병들 몇이 나를 향해 돌진해 왔다. 눈에 한 방, 머리에 세 방을 쏘이고 말벌 봉지를 들고 뛰었다. 한 3일은 병원에 가지 않고 끙끙 앓았다. 눈이 부은 채로 2주나 지나서야 겨우 아물었고, 만일 더 많이 쏘였더라면 죽을 수도 있었다기에 그만하길 다행이었다. 2주 동안 열이 나고 혼났지만 잡아 온 말벌집으로 말벌집 술을 담갔다.

첫 손자

함태헌, 2011년 4월 8일생, 중학교 2학년 외손자, 애칭 허니.

첫 손자가 태어나던 날 병원으로 부리나케 달려갔으나, 딸의 진통이 몇 시간이 되고도 태어나지 않아 애를 태우던 중 어렵게 태어났다. 3.5kg이라 이목구비가 또렷하지는 않았다. 얼마 뒤 산후 조리원에서 보았을 때는 벌써 포동포동해지고 웃는 모습도 있어 참 신기하였다. 그 뒤 8개월부터 한마디씩 말하기 시작했는데 내가 기억하기로는 불을 보고 "앗, 뜨거." 그리고 조금 커서 "할씨" 하고 나를 불렀다. 우리 집에 매주 와서 주로 내가 보살폈다. 당시 주말 농장에 심은 도깨비 방망이가 있어 그걸 가지고 뻥튀기를 튀겼다. 방석 밑에 손자 모르게 뻥튀기를 넣고 도깨비 방망이를 두드리며 "뻥튀기 나와라. 뚝딱!" 하면서 방석을 열면 뻥튀기가 나오니까 너무 좋아하며 신기해했다. 점점 발전하여 먹고 싶은 과자나 장난감을 넣고 몇 년간 그렇게 함께 놀다가 이제 크니까 알게 되어서 그 놀이를 중지했다. 내가 타는 자전거가 거실에 있는데 30분이고 1시간이고 돌리기를 좋아해서 오기만 하면 자전거 바퀴 돌리기가 일상이 되었다. 생일만 되면 우리 집에 와서 케이크를 사다 생일 노래를 불러 주었는데, 큰 초가 집에 많이 있어 우리 집에만 오면 생일 노래를 부르자고 떼를 써서 올 때마다 생일 노래를 부른 것이 수백 번은 된다. 그 뒤 커가면서 운동을 너무 좋아해 운동을 같이하며 가르쳐 주었다. 처음에 풍선 배구 경기를 했는데 얼마 안 있어 1,000개를 거뜬히 하고, 탁구공 튕기기와 탭볼은 가르쳐 주자마자 너무 잘했다. 스쿼드, 플랭크도 잘하고, 팔씨름은 자기 반에서 가장 힘이 세다고 자랑했다. 팔굽혀펴기도 나보다 잘한다. 오목은 우리 집에서 가장 잘한다. 해마다 설날과 추석엔 가족 챔피언전을 하였는데 지금까지 5년 동안 태헌이가 전부 1위를 하였다. 그 종목으로 20가지가 넘는데 가위바위보, 실 꿰기, 발로 병 세우기 등이 있다. 2021년부터 수원에 있는 손자네 집에 화요일, 목요일에 가서 퀴즈 풀기, 속담 놀이, 책 이야기 들려주기와 수학 멘사 문제 풀기를 같이 했다. 같이 호떡도 만들고, 계란찜도 만들고, 또 서점에도 갔다. 여행을 다닐 때도 "할아버지, 찻길에 조금이라도 나가면 안 돼요." 하며 규칙을 철저히 지켜 신호를 꼭 지키라며 나를 교육하고, 길에 휴지가 떨어져 있으면 줍고는 했다. 어느 때는 내가 나비나 매미를 잡아 주면 다시 날려 보내는 등 너무 바른 생활 어린이라 좀 힘들 때도 있었다. 요즘은 사춘기가 와서 자기 혼자만의 시간을 가지려 하고, 어려서 할아버지와 떨어지려 하면 울던 때가 많았는데 지금은 어른스럽게 나한테도 엄숙하게 대한다.

대단한 계획

　2001년 53세에 철인에 입문하여 2회 해병대 사령관배 대회에서 교사 중 1호로 참가하여 교사 철인 1호란 칭호를 받으며 8위에 등극했다.
　그때 철인 100회 달성과 같은 그룹 100회 우승이라는 계획을 세웠다. 학교 근무하는 가운데 나름대로 출퇴근을 달리기나 자전거를 타고 다녔으며, 반 체육 시간은 비가 오나 눈이 오나 실시하였고, 체중은 51kg에 맞춰 유지했다. 일어나는 시간도 아침 5시로 정하고 일주일 훈련 계획과 매일 훈련일지 쓰기로 계획을 잡아 21년째 시행하고 있다. 드디어 2019년 통영 ITU 세계 선수권 대회에서 100회를 달성하고 현재 128회 완주하고 있으며 같은 그룹 1위 85회, 2위 14회, 3위 8회 등 107회 입상을 하였다. 2020년에는 코로나로 승수를 채우지 못했으나 우리나라 최초로 100회 우승의 금자탑을 세우고자 21년째 지금도 노력하고 있다.

평생 계획

 자전거로 전 국토를 다 다녀 보았고, 도보로 전국 시군을 다니려고 계획을 세우고 있다. 지금도 하루 15,000보를 100일째 걷고 있는데 몸이 완전히 쾌차하면 1, 2년 뒤에 평생 시행할 계획이다.

우리 집 냉장고

　우리 집은 냉장고가 5대 있다. 냉장고가 2대, 김치 냉장고가 2대, 냉동고가 1대 그런데 해마다 주말농장에서 농사 지은 것과 또 시골에서 지인들이 보내 준 것, 산과 들에 가서 내가 채취한 것 등 모든 냉장고가 가득 차 있는데 그중 김치가 많이 들어 있다. 묵은 김치, 작년 김치, 파김치, 동치미, 겉절이, 달랑무김치 등 만물이 다 들어 있다.

사고 후유증

 25년 동안 수영, 마라톤, 사이클, 철인 3종, 패러글라이딩, 스킨 스쿠버, 탁구 등 모든 운동을 섭렵하면서 지내다 2009년에 바위에 넘어져 골반이 깎였다. 2013년엔 철인 경기 중 낙차로 쇄골 골절에 갈비 5대, 전신 타박상으로 12주 진단을 받았으며, 2016년엔 시합 중 탈장으로 10cm 절개 후 수술을 했다. 2018년엔 뺑소니로 쇄골 골절과 갈비 2대가 나가 6주 진단을 받았고, 동년에 회전근개 절단으로 수술하고, 2021년에 낙차로 쇄골 골절, 갈비 2대가 나가 6주 진단을 받았다. 쇄골 골절은 양쪽 어깨에 3번씩 철심을 박았기 때문에 철심 빼는 수술까지 양쪽 어깨 수술만 총 7번의 수술을 했다. 양쪽 어깨는 매일 아침에 일어나면 스트레칭을 해야 풀렸다. 특히 왼쪽 어깨는 항시 무거우며 팔목의 후유증과 왼쪽 검지에 후유증이 남아 있다. 왼쪽 허벅지에는 낙차 때 인대가 나간 곳이 뭉쳐 있어 사이클이나 달리기에 어려움이 조금 있으며, 가장 큰 후유증은 전신 마취 때문인지 기억력이 떨어지고 시력도 나빠지고 청력도 나빠졌다. 낙차로 인한 뇌 손상의 후유증일 수도 있다. 지금은 책 읽고 내용 쓰기,

외우기 공책을 마련하여 주요한 내용 외우기를 하고 있지만, 신체적 정신적 후유증과 트라우마, 외상 후 스트레스가 남아 있어 가족 친척들이 모두 걱정하고 있다.

최고의 그날

　2020~2021년은 코로나 때문에 철인 대회가 열리지 못했고, 또 동호인 국가대표로 2020년 캐나다 에드먼턴에서 열리는 대회에도 참가하지 못해 스트레스가 쌓일 대로 쌓였다. 이런 생활이 2년 넘게 계속되다 보니 일상생활이 흐트러지고 활기를 잃은 생활이 계속되었다. 그런데 엎친 데 덮친 격으로 6월에 코로나 예방주사 후유증으로 고생하며 석 달을 병원에 출근하다시피 했는데 다시 2차 코로나 예방주사를 맞았을 때도 온몸이 아프고 뼈마디가 쑤셨다. 그런 가운데 운동을 못 하고 집에서 스트레칭만 하다가 9월에 창원 마산만에서 철인 대회가 열린다는 공고를 보고 출전을 하려고 식구들과 상의를 했다. 절대 안 된다고 11월에 대회에 나가면 다시는 운동 못 한다면서 시금 빙이나 낫고 내년부터 나가라고 모든 가족이 말렸다. 살그머니 등록하고 우선 자전거부터 타기 시작했더니 10km만 탔는데도 최근 운동을 하지 않아서 그런지 엉덩이가 너무 아팠다. 말도 못 하고 잠자면서 끙끙 앓았다. 그래도 멈출 수야 없지 하고 수영도 오래간만에 갔지만 예전 같지 않고 속력도 너무 느려 나이는 속일 수

없구나 하는 생각이 들었다. 새벽 5시에 일어나 우선 천천히 3~4km 씩 달리기 시작해서 10월 내내 일주일에 수영 1시간, 사이클 주당 140km, 달리기 주당 30km를 했지만, 너무 저조해 대회에 나가도 실력이 안 나올 거라 예상되었다. 이번에는 완주만 하자고 11월 13일 11시에 30여 가지의 준비물을 챙겨 집인 안양에서 370km 거리인 창원으로 출발했다. 영동고속도로를 달리는데 차가 너무 밀려 6시간 30분이나 걸려 창원에 도착하였다. 축제의 열기가 느껴지는 가운데 등록과 검차를 마치고 저녁을 먹은 후 일찍 숙소로 가 잠자리에 들었다. 새벽 4시에 일어나 준비물을 챙기고 아침을 라면으로 먹으며 6시에 대회장으로 갔다. 벌써 선수들이 나와 있었다. 연습 수영 때 물에 들어가니 도무지 손발이 시리고 뒷골이 당겨 바로 나오고 말았다. 그래도 이 먼 곳까지 와서 멈출 수야 없어 준비 운동을 열심히 했다. 8시 30분에 출발점에 서서 수영 먼저 출발했는데 600명이 그 찬 바닷물에 들어가니 숨쉬기가 어렵고 또 많은 사람으로 인해 너무 부딪쳐 수영하기가 힘들었으며 엄청난 찬물에 몸이 마비되는 것 같았다. 수영을 마치고 바로 사이클을 탔다. 언덕을 넘나들고 추위에 덜덜 떨며 젊은 선수들에게 추월당했다. 10km씩 4바퀴를 돌고 다시 달리기 10km에 들어가서는 뒤떨어진 기록을 보충하고자 죽을힘을 다해 달렸다. 보급이나 물도 먹지 않고 한 사람 한 사람 추월하며 피니시 라인을 통과했다. 드디어 2년의 공백을 깨고 다시 시작되었구나 하며 여러 사람의 환호를 받았다. 20분 뒤 시상식에서 우수한 기록으로 70대 1위로 발표하며 시상대에 올라서는 순간 지금까지의 어려움이 눈 녹듯 사라졌다. 2021년 최고의 날이었다. 창원 대회에서 2021년의 끝으로 철인 111번 완주에 86번째 1위로 여러 철인들의 박수를 받으며 시상대에 올랐다. 코로나 시기 2년 중 11월 14일만큼 기쁜 날이 없었다.

최악의 날

 2월 2일 올해 처음으로 줍깅(산에서 휴지 주우며 등산하는 일)하는 날이라 아침 일찍 등산복을 입고 가방에 집게와 봉지를 챙겨 자전거를 타고 안양예술공원으로 출발하였다. 줍깅 회원들이 9시부터 산을 돌며 그동안 밀렸던 이야기도 하고 산의 정기를 취했다. 즐겁게 11시 40분에 마치고 다시 안양천 자전거 도로를 달렸지만 등산화 신고 가방을 메고 있어서 빨리 달리지 못했다. 그동안 안양천 자전거 도로를 나오지 못했기 때문에 천천히 집으로 가고 있는데 반쯤 온 쌍개울 근처에 오자 산책 나온 사람들이 더욱 많아 속도를 줄였다. 앞에서 걷던 아주머니가 갑자기 자전거 도로를 건너려고(자전거 도로와 보행자 도로가 따로 있음) 몸을 틀길래 "아줌마!"라고 소리를 질렀지만 결국 부딪쳐 나와 자전거는 몇 미터 왼쪽 옆으로 나가떨어졌다. 움직이면 바로 어깨와 갈비 통증이 너무 심해 일어난 아주머니한테 빨리 112와 119에 전화를 걸어 달라고 했다. 그러나 그 아주머니는 누구한테 전화하는지 전화할 생각을 하지 않았다. 내가 아픈 왼쪽 어깨를 움직이지 않으면서 112와 119에 전화를 걸어 10여 분 뒤에 경찰관 2명이 왔다. 상황을 묻자 아주머니가 빨리 가려고 뛰다 자전거를 받았다고 말했다. 조금 뒤 119 구급대원들이 와서 나와 아줌마에게 같이 가자고 했으나 아줌마는 괜찮다고 해서 나만 구급차를 타고 병원으로 향했다. 어깨뼈가 3도막 나고, 갈비 2대가 부러지고, 허벅지 인대, 얼굴 타박상으로 6주의 진단을 받았다. 갈비뼈가 폐를 찔러 숨쉬기가 어려웠다. 어깨뼈는 철심을 박고 1년 뒤 철심을 빼는 수술을 다시 해야 했다. 내가 잘못한 것도 아니고 정상 속도의 반인 8~10km로 달렸는 데다 내 자전거 길만 갔는데 결국 자전거와 보행자가 사고가 나면 무조건 자전거 탄 사람의 잘못이라는 해석에 억울했다. 치료도 내가 해야 했고 상대의 치료비도 내가 물었다. 이렇게 재수 없는 일이 있을까. 나는 하나도 잘못한 것이 없는데 내 잘못이 된다니. 석 달 동안 재활 훈련에, 500여 만 원의 병원비에, 다시 1년 뒤 수술해야 되는 일까지 2월 2일은 정말 2021년의 최악의 날이었다.

1월 1일에 생긴 일

 안양시에서는 해마다 1월 1일 해돋이 행사를 한다. 한 해는 만안구 석수동 산에서 하고 다음 해는 동안구 망해암 산에서 한다. 2019년 우리 안양시 철인 클럽에서도 올 해돋이 행사에서는 철인 클럽의 홍보도 할 겸 봉사 활동을 하자는 의견을 내가 냈다. 동참하는 회원들과 함께 1월 1일 새벽 4시부터 해돋이에 참가하는 분들을 위해 커피와 손난로를 제공하고 내가 별도로 달걀을 삶아서 가져가려고 준비하였다. 맥반석 계란으로 삶아 주려고 오크에 23개씩 넣어 7시간씩 이틀을 삶았지만 300개를 만들기에는 턱없이 부족했다. 결국 160개 정도만 만들어 갔다. 그런데 큰 전기보온통을 가지고 갔는데 현장에 전기를 연결할 곳이 없었다. 전깃줄을 구하려 몇몇이 뛰어다니며 축전지에 전기를 연결해 커피 물을 끓였다. 차를 세울 곳도 없어 그 큰 물통과 상자를 모두 짊어지고 옮겼다. 그런데 해돋이 시작 1시간 전부터 사람들이 어마어마하게 몰려와 커피와 달걀, 손 난로를 받아가려고 줄을 서는데 감당하지 못할 지경이었다. 결국 커피는 물을 부어 가며 온도가 낮은 커피로 주었지만 달걀은 금세 동나서 뒷사람들은 왜 달걀을 안 주느냐고 항의했다. 달걀 담당이 나였기에 결국 산에서 내려가 부랴부랴 24시 편의점을 돌아다니며 달걀을 사서 산으로 올라갔는데 벌써 해가 중천에 떠 있었다. 해돋이를 보고 산에서 내려가는 사람도 많았다. 회원들이 있는 곳에 도착하니 회원들은 모두 힘이 빠져 있었다. 결국, 우리 회원 모두 해돋이는 구경도 못 하고 너무 많은 인파를 예측하지 못한 죄로 항의를 많이 받았다. 다시는 이런 행사를 하지 말자는 회원이 많았으며 나는 땀을 흘리며 뛰어다녀서 그런지 며칠 동안 몸살로 고생했다. 유일하게 2019년도만 해돋이를 못 보았다. 그래도 유일하게 안양시에서 우리 클럽만 해돋이 행사에 일조했다는 자부심은 있었다.

굴러 들어온 복

  2003년에 새로운 운동을 시작하면서 장거리 이동성이 좋은 차를 물색하다 그 당시 나온 지 얼마 안 된 7인승 산타페를 사게 되었다. 자전거를 실을 수 있고 짐도 넉넉히 실을 수 있으며 서넛 사람이 탈 수 있어 너무 좋았다. 그때부터 어림잡아 50곳의 전국 방방곡곡에서 열리는 지역(이천, 수원, 통영, 여수, 제주도, 목포, 대천, 울진, 경주, 설악, 홍성, 부산, 인천, 횡성, 원주, 대구, 부안, 해운대, 울산, 삼척, 무주, 영종도, 세종, 창원, 서울)을 안 가 본 곳 없이 다니며 대회를 치렀다. 한 번도 사고를 낸 일도 없고 여러 선수들과 같이 다니며 21년 동안 무사고로 22만 km를 달렸다. 나에게는 복덩이 같은 차다. 111회 참가에 86회 1위를 하게 도와준 차니 지금도 탈 때마다 고맙다는 말을 차에게 한다.

인생 시험

내 인생은 한마디로 200점이다. 학창 시절 초중고 때는 좀 어렵고 꺼림칙하게 생활했지만 1971년에 교사로 발령받으면서 경기도에서 43년 동안 초등학교에 재직하였고 44번의 표창을 받았다. 여러 종류의 학교 즉 농촌, 도시, 큰 학교, 중간 학교, 작은 학교 또 교무, 연구, 과학, 윤리, 체육, 새마을, 분교장 등 모든 부장교사를 다 거쳤으며, 연구 학교, 교생 실습 학교, 귀국 학생반 특수 학급 담임을 했다. 또 가는 학교마다 교장, 교감 선생님들의 신임을 받아 중책을 맡았으며, 연수를 2,000시간 이상 하였고, 자격증도 운동 분야, 오락 분야 등 국가 공인 30개가 넘게 취득하였다. 굿네이버스, 교육전문위원, 전국마라톤협회 홍보 대사, 안양 철인 회장, 경기도 철인 3종 협회 대의원, 안양시 체육회 대의원, 경기실버꽃넘 이사, 안양시 의회 모니터단 단장, 적십자 인명구조원을 20년째 하고 있다. 철인 3종 대회 150번 출전에 111회 동호인 1위와 동호인 국가 대표로 일본, 중국, 스위스에 출전하여 중국에서는 우승을 했다. 마라톤 60회, 수영 대회 출전 20회 등 지금도 수영, 마라톤, 철인은 최고령으로 출전하고 있다. 2015년부터 〈시니어 토크쇼 황금연못〉에 출연해 10년간 200회 넘게 출연했고, 〈시니어 토크쇼 황금연못〉 자문단 수석 부회장으로 지금까지 이어 오고 있다. 술, 담배, 커피를 하지 않고, 가정에 충실하며, 모든 김치를 15년째 담그고 있다. 결혼하고부터 청소, 빨래는 내 담당이다. 아침밥도 매일 차리고 있다. 요즘은 산을 깨끗이 하는 줍기 봉사 활동에 참여하고 있다.

올해는

 한 해 한 해 나이 들어 갈수록 젊을 적 과거의 행동이 반성되고 나에 대해 성찰하게 되는데 내가 나를 생각해도 단점이 너무 많았다. 사소한 일로 싸움도 많이 했고 욱하는 성격이며 남한테 지고는 못 사는 데다 오지랖이 넓어 다른 이의 일에 간섭을 잘해 시비를 많이 붙었다. 욕심이 많고 한번 마음먹은 일은 꼭 완수해야 하며 긍정적이지 않고 매사에 부정적이다. 남을 잘 업신여기고 차별을 많이 했으며 주장이 강하여 상대의 말을 듣지 않고 내 의지대로 행동을 많이 했다.
 2023년은 긍정의 한 줄 일기를 쓰려 한다.
 다른 사람 칭찬 또는 긍정적이었던 일, 착한 일, 남을 도운 일, 행복하게 한 일, 웃음 짓게 만든 일, 아름다운 것을 본 일, 즐겁게 일한 일, 가족을 위해 노력한 일, 봉사한 일을 매일 한 가지 이상씩 찾고 행동해서 칭찬일기, 선행일기를 쓰려 한다.

부모님 생각

교직에 처음 발령을 받자 어머니께서 실제 삼을 키워 옷감으로 마련한 것을 내가 교직에 발령받았다고 옷으로 지어 주셨다. 삼배 웃옷 2개인데 어머니 손길이 닿아 지금도 여름에는 꼭 꺼내 입는다. 어머니 생각이 나면 빨아서 풀을 쑤어 어머니가 하던 대로 수건으로 싸서 발로 꼭꼭 밟아 깃을 세우고 여름철에는 꼭 입고 다닌다.

공들여 6남매를 어려움과 고생하시며 키우신 부모님인데 또 어머니께서 병환으로 6년, 아버지께서 병환으로 8년 모두 14년을 병으로 고생하셨다. 회갑 잔치도 변변히 못 해 드리고 모두 자기 자식 키우며 자립하려고 하다 보니 6남매 가족들이 모두 부모님과 함께 모인 적도 없었다. 부모님이 친목 모임에서 여행은 다니셨지만, 부모님 모시고 국내 여행은 물론 외국 여행을 못 시켜 드린 것이 한으로 남는다. 장남이라고 정말 어렵게 나를 극진히 보살피고 위해 주셨는데 그 공을 십 분의 일도 못 갚고 살 만하니 병환이 와서 결국 요양병원에서 작고하셨다. 그 죄스러움을 뭐라 말로 표현할 길이 없다.

철들기 싫어요

　사람이 몇 번 변하기 마련인데 나는 지금까지 자유인이라는 생각으로 내 마음먹은 대로 살아왔다. 남의 눈치 안 보고 나 하고 싶은 대로 생활을 해서 직장에서나 가족에게 피해를 준일이 많았다. 1981년부터 나무 공예를 한답시고 좋은 나무를 구해다 깎고 기름칠하고 온 집 안을 기름칠로 얼룩지게 만들었다. 또 다용도실에 쌓아 놓은 나무가 20여 박스나 되어 이사 다닐 때마다 이렇게 짐 많은 집 처음 본다며 이사 비용도 더 들었다. 또 다른 취미로 화초를 기르는데 창가 베란다에 많은 화초가 있었다. 물을 주면 너무 많이 줘 마루가 썩고 아파트라 햇볕이 적어 죽는 화초도 있었다. 아내는 매일 모두 버리라고 잔소리다. 리모델링하는 돈만 해도 수천인데 쓸모도 없는 화초를 기른다고 한다. 그것뿐 아니라 현관에는 나무 화초와 운동 경기 메달 300개가 걸려 있어 도대체 현관이 이게 뭐냐고 모두 버리라고 매일 말한다. 운동 방 하나에는 운동 기구, 준비물, 자전거 4대와 운동복이 쌓여서 들어갈 수가 없었다. 서재에는 책이 산더미처럼 있어 매일 읽은 책은 버리는데도 문방구 용품과 잡지책들이 널브러져 있어 방문자가 있을 때마다 치우는 아내의 잔소리를 들어야 했다. 아무리 집이 바빠도 2일에 한 번은 산에 가야 하며, 매일 새벽 5시에 일어나 1시간 이상 운동하고, 시간 나면 자전거 타고 철인 사무실을 청소한다. 일주일에 한두 번 수영장에 가고, 봉사 활동도 가고 외로운 늑대같이 혼자 즐기고, 하는 일이 너무 많아 대다수 친구나 가족, 아는 사람들이 이제는 70이 지났으니 운동도 내려놓고 철 좀 들으라고 한다. 나는 자유롭게 내가 하고 싶은 일 하면서 사는 것이 좋다. 힘이 닿는 데까지 내가 하고 싶은 일 하면서 지금대로 살겠다.

'뿔'나게 하는 세상

이 나이 먹도록 내가 늙었다고 생각해 본 적이 없어서 탈이다. 또 하나는 너무 고지식하고 오지랖이 넓어 남의 일에 참견을 잘하고, 사람들이 잘못하면 용서를 잘 안 해 주고 버럭 화를 내기 때문에 아내나 자식들은 지금은 그런 시대가 아니니 절대 남의 일에 참견 말라고 한다. 특히 중고생들이 담배 피워도 못 본 체하고 젊은이들 잘못을 책하면 위험할 수도 있으니 꼭 피하라고 당부를 하지만 그렇게 맘대로 되는 게 아니다. 길을 가면서 나는 꼭 오른쪽으로 다니며 걷거나 자전거를 타는데 왼쪽으로 걸어와서 나와 마주치는 사람들이 하루에도 대여섯 명쯤 된다. 나는 절대 안 비키고 그 자리에 서 있는다. 왼쪽으로 온 사람들이 안 비키면 '우측통행'이라고 소리를 친다. 이상하단 듯이 쳐다보며 비키는 사람이 있고 인상을 쓰거나 뭐라고 중얼거리며 욕하고 가는 사람도 있다. 어떤 때는 시비가 붙어 말다툼하기도 한다. 그중 젊은 사람이 "어르신, 좀 융통성 있게 사세요." 하고 훈계를 하거나 "노인이 고집만 세 가지고."라고 하면 끝까지 화를 내며 다툼을 했다. 수영장에서도 같이 수영하는 40~50대 친구들이 나한테 어르신이라 하면 내가 왜 어르신이야, 형님 또는 큰형님이라 부르라 했고, 여자들한테는 큰오빠라 부르라 말하면서 어르신이라는 호칭에 과민 반응으로 화를 낸 적이 많았다. 그런데 어느 날 호칭 때문에 정말 화난 적이 있다. 가끔 안양예술공원에 자전거를 타고 가서 등산하는데 자전거는 주차장에 세워 두고 서울대 수목원으로 걸어 올라간다. 가다 보면 파빌리온이라는 건물이 있고 뒤편으로 화장실이 있어 대개 등산객들은 거기에 들러 용무를 보고 등산을 시작한다. 나도 예술공원에 갈 때마다 꼭 들러서 간다. 그날따라 왼쪽으로 걷는 사람들 때문에 화가 난 상태에서 화장실에 가려고 오솔길 쪽으로(화장실이 뒤쪽 후미진 곳에 있음) 접어든 순간 화장실 입구 오른쪽에서 젊은 여자 세 명이 담배를 피우고 있었다. 무심결에 그쪽을 쳐다보며 화장실 입구 쪽으로 가는데 갑자기 담배 피우던 한 젊은 여자가 "할배, 뭘 봐!" 하고 나를 보고 삿대질을 하는 것이었다. 내가 잘못 들었나 싶고 또 이런 일은 생전 처음 당하는 일이라 멍하니 대처할 말이 생각나지 않았다. 그대로 서 있으니 다시 "늙은이 꺼져!" 하는 것이었다. 가까운 거리라 여자들 쪽으로 다가가며 존댓말로 "저한테 말씀하셨습니까!" 하고 정중히 물으니 그 삿대질한 여자가 "그래, 할배한테 했다." 하며 또 반말이었다. 그래서 내가 그 여자한테 "내가 몇 살로 보여서 그렇게 반말하세요."라고 하니 그 옆의 여자가 "아저씨, 죄송해요. 얘가 술을 한잔 마셔서 그러니 어서 가세요."라고 했지만 머리끝까지 화가 올라온 상태였다. 손찌검할 수는 없고 그 자리에 서 있는데 참느라고 정말 힘들었다. 그래서 결론이 그 반말한 여자를 집까지 쫓아가서 부모를 만나 볼 작정으로 "너네 집 어디야. 내가 부모님을 좀 만나 봐야겠어." 하니 그제야 세 명의 여자가 도망치듯이 가기에 계속 쫓아갔다. 그래도 여자 둘은 죄송하다고 하는데 그 반말한 여자는 계속 쫓아올 테면 오라고 악다구니를 썼다. 지나가던 사람들은 힐끗힐끗 내가 스토킹하는 줄 알고 쳐다보고 그 애들은 반말한 애를 끌고 바삐 도망갔다. 그러다 슈퍼로 들어가서 그 취한 여자가 주인한테 스토킹당하고 있다고 하며 나를 가리켰다. 그래, 신고 좀 해 주라고 했더니 다른 두 여자가 정말 미안하다고 계속 빌었다. 대낮부터 할배하고 반말한 여자한테 사과받지 않고는 못 가겠다고 했으나 점차 사람들이 모여들고 시끄러워져 '그래, 오늘 변 밟았다고 치자. 손녀딸 같은 애들한테 응석받았다고 생각하자.'라고 생각하며 넘겼다. 3년 전 일이지만 지금 생각해도 머리끝까지 화가 치밀어 오른다.

휴가, 나만의 방법

휴가는 멀리 가야 좋은 것이 아니다. 나는 주말농장을 1996년부터 22년째 하고 있는데 주말농장 하는 조건으로는 원두막이나 쉼터가 있을 것, 먹을 물이 좋은 곳일 것, 숲이 가까울 것을 고려하여 선정했다. 주말농장에서의 휴가는 정말 보람차고 즐겁다. 거기에서 기르는 고추, 가지, 오이, 상추, 깻잎 등을 직접 따서 가져간 고기를 구워 먹으며 친구들과 모임, 가족 친지들과 즐기는 휴가 또는 혼자 뜨거운 여름에 원두막에서 오이 몇 개 따 먹고 잠을 자면 천국이 따로 없었다. 시원하고 스트레스도 풀리고 봄에는 봄대로 좋고, 여름에는 여름대로 좋고, 가을에는 무, 배추, 고구마 심은 것을 캐는 즐거움도 있다. 바람이 얼마나 시원한지 또 황금빛 물결과 익어 가는 벼와 단풍이 지는 가을은 혼자만의 휴가를 즐기기에 주말농장같이 편한 곳이 없다.

나의 인생 휴가

　퇴직한 지 벌써 10년이 되어 간다. 43년 동안 교직에 있었고 철인 대회 111회 우승이라는 업적과 동호인 대표 외국 대회에도 3번이나 나가 우승도 했다. 주말농장도 17년째 하고 있으며 〈시니어 토크쇼 황금연못〉 출연도 벌써 11년째에 접어들었다. 그런 나에게 딸 부부가 큰 선물을 했다. 우리 부부 그동안 고생했으니 하루라도 편히 쉬라고 시그니엘 호텔에 숙박을 잡아 주었다. 호화롭기가 상상을 초월하고 나의 인생 휴가로 최고였다고 생각되었다. 숙박 요금이 76만 원에 가깝고 아침 조식도 1인당 65,000원에 룸서비스 5만 원, 한강 뷰 12만 원, 전망대 5만 원 등 하루 숙박에 100만 원이 넘게 들었다. 또 수영장과 헬스를 마음껏 할 수 있어 하루를 행복하게 보냈다.

"음매, 기죽어."

"아버지, 나잇값 좀 하세요.", "여보, 또야?" 이젠 편히 살라는 아들딸과 아내의 목소리가 귀에 쟁쟁하게 들린 지 어언 10년. 운동한답시고 기죽은 지도 10년. 철인 운동 22년 동안 회전근개만 오른쪽, 왼쪽 2번씩 골절되어 철심으로 연결했고, 전신 마취 수술만 11번에 그에 따른 갈비가 5대, 3대, 2대, 1대 총 11번의 갈비 골절이 있었다. 철인 시합 중 탈장으로 복부만 두 번 절개하여 모두 12주, 8주, 6주 5일간씩 7번의 입원으로 가족들을 애타게 하며 불안을 가중시켰다. 그렇지만 이제부터가 더 기죽는 이야기다. 많은 내 잘못으로 소소하게 다쳐서 집식구들에게 기죽어 산 이야기다. 왠지 모르지만 내가 부주의해서 그런지 덤벙대는 성격도 아닌데 그렇게 기죽는 사고가 많이 나고 모든 사고는 아내가 외출하거나 출타했을 때 생겼다. 몇 년 전 모과를 사 와 모과청을 만들려고 잘 드는 칼로 자르다가 오른쪽 팔목의 3cm를 잘랐다. 피가 얼마나 솟구치는지 감당할 수 없어 지혈하고 병원을 찾았다. 그날이 토요일 오후라 모두 쉬고 있어 막 퇴근하려는 외과로 가서 꿰매고 진료비는 두 배로 물었다. 또 한 번은 문을 열다 내 손가락을 넣은 채로 닫아 왼손 집게가 탈골되었고 1년 넘게 치료했다. 선글라스를 꼭 쓰고 밖에 나가라는 아내의 말을 무시하고 산에 갔다. 깔따구가 눈에 들어가 안과에 갔더니 의사 왈 20년 의사 생활에 벌레가 이렇게 눈에 들어가 빼내기는 두 번째라고 웃으며 한참 뒤에 고생하다 빼냈다. 또 자동차 뒤 트렁크를 닫다 머리를 찧어 피를 흘린 적도 있고, 수영장에 가서 안티포크를 물안경에 바른 후 행구고 써야 하는 데 그냥 썼다가 눈이 충혈되어 병원 응급실에 가서 휴일 비용 13만 원을 들기도 했다. 운동하다 배구 지주대에 부딪혀 앞니가 부러져서 임플란트를 했고, 처가 가족들과 회식하다 너무 급히 먹다 목이 막혀 아들의 응급처치인 하인리히 기법으로 살아나기도 했다. 방광 결석으로 숨도 못 쉬고 6시간 동안 진통제를 맞으며 응급실에 있기도 했고 자전거에 미끄러져 오른쪽 골반이 깎이기도 했다. 지금도 밖에만 나가면 "오늘도 안전 조심하세요." 하고 문밖까지 아내가 따라와 인사해 줬다. 집에서는 집안일, 빨래, 아침밥, 청소, 화초 키우기, 분리수거, 주말농장, 김장하기, 장보기 등 할 수 있는 일은 모두 하면서 그동안 지은 다친 죄 때문에 눈치를 보며 살고 있다.

"음매, 기 살아."

   자식 자랑, 마누라 자랑은 팔불출에 속하지만 42년이 넘은 결혼 생활 중에 아내 때문에 가슴 펴고 기가 산 일이 너무 많다. 그 첫째가 아내가 여고 학생회장 출신으로 여고 동창회에 부부가 같이 가면 지금은 잘나가는 사람들, 부유한 동창들도 모두 "홍 회장님, 홍 회장님" 하고, "한번 회장은 죽는 날까지 회장님입니다." 하며 존대했다. 남편인 나에게도 회장 사부님 하고 부를 때는 어깨가 으쓱했다. 거기서 끝났으면 할 말이 없겠지만, 교장 강습에 400여 명이 강습을 받았는데 아내가 1위를 하여 머리 좋고 똑똑한 아내를 두었다고 어깨를 펴고 다녔다. 경기도에서는 수업 실기 대회가 있어 수업을 누가 잘하는지 심사하여 1, 2, 3등급으로 부과한 점수를 승진에 반영하는데 아내가 5년 연속으로 경기도에서 유일하게 1등급을 받아 교감에 차출되었다. 남편으로서 해 준 것도 없이 기가 살았으며 대학원도 두 학교나 다녀 석사 학위가 2개나 있었다. 대학원 학점도 수석으로 졸업하여 교사 연수 시에는 1위를 놓쳐 본 적이 없었다. 남편으로서 어깨가 으쓱하여 어느 장소에서건 아내 이야기가 나오면 기가 살아 아내 자랑을 입에 달고 살았다.

꼰대

  50~60대 때엔 오지랖이 넓어서 꼰대라는 말을 많이 들었다. 70대가 된 지금은 마누라가 절대 젊게 살라고 머리도 짧게 깎고 다른 이의 일에 감 놔라 배 놔라 하지 말라고 해서 자중하고 있지만, 그 성격이 어디 가겠는가? 하여튼 꼰대 소리를 들으며 아주 난처한 경우가 많았는데 그중 6~7년 전쯤에 빼도 박도 못 하는 황당한 경험을 한 적이 있다. 내가 사는 1km 안에는 초중고가 밀집해 있고 언제나 학생들을 마주치게 되어 그들의 일상을 본다. 교직에 43년간 있는 동안 선생님들께 꼰대 소리를 자주 들어서 학생들이 잘하지 못하면 점잖게 타이르곤 했다. 그날도 모락산을 갔다가 운동 기구도 있고 휴식할 수 있는 장소에 왔다. 그런데 남녀 학생 대여섯이 담배를 피우고 있길래 학생들에게 점잖게 여기는 산이고 학생이 담배 피우면 되나 하고 말했다. 그중 한 명이 대뜸 나에게 다가와서 "우리가 담배 피우는데 영감님이 보태 준 거 있어요?" 하며 얼굴을 디미는 것이었나. 좀 당황해서 "나도 젊어서 담배 피우다 폐가 나빠져서 고생했거든. 그래서 하는 말이야."라고 했더니 뒤에서 "꼰대 같은 소리 하고 있네! 학

교 담탱이도 아무 소리 않고, 짭새도 뭐라 안 하는데 웬 참견이야." 하고 나한테 우르르 오는 것이다. 학생들은 공부도 해야 하고 나이 들어 건강이 염려되어서 하는 말이라고 하자 "공자 같은 소리 하고 있네! 영감님이 우리 담배 피우는 데 1원이라도 보태 준 적 있어? 아니면 우리를 위해 한 일이 뭔데 훈장질이야. 내 인생 내가 책임져. 영감님은 영감님 일이나 잘하셔."라고 하며 대들었다. 학생들 수도 많아서 "그래, 내가 나선 것이 미안하구먼." 하고 슬쩍 피했는데 애들이 저쪽으로 가며 "저 망할 놈의 꼰대 때문에 기분 망쳤다." 한마디씩 하며 갔다. 나는 정말 자책했다. 학생들 담배를 못 피우게 보는 족족 타이르다 망신을 당한 게 벌써 몇 번째인가. 이게 학생들이 말하는 꼰대 짓인가 보다. 하지만 교직에 43년 있던 경력이 나를 지금도 부정, 불의를 못 참는 성격의 꼰대가 되게 만들고 있다.

끝까지 간다

2006년부터 주말 텃밭을 하면서 김치를 담그기 시작했다. 대개 주말 텃밭에는 봄엔 고추, 상추, 대파, 토마토, 가지, 오이, 아삭이고추, 당조고추, 청양고추, 들깨 등을 심었다. 고추를 수확하고 나면 배추, 무, 총각무, 쪽파, 갓을 심어 가을 김장을 미리 준비한다. 그동안 모든 김치를 담갔는데 어느 해는 정말 맛있었고, 어느 해는 김치가 무르기도 했다. 2022년에는 김치의 달인이 되려고 많은 연구를 하며 봄부터 작년에 수확한 남은 배추를 이용해 거의 10번 이상 김치를 담그며 가을 김장에 대비하였다. 그동안 담근 김치만 배추김치, 무김치, 갓김치, 파김치, 양파김치, 섞박지, 백김치, 달랑무김치, 생채지, 깍두기, 고들빼기김치, 싱건지, 무짠지, 갓김치, 열무김치 등 헤아릴 수 없이 만들었다. 그런데 맛이 나 달랐다. 그래서 김치를 담그며 나름대로 연구를 한 결과 가장 중요한 요소 첫째는 재료가 좋아야 한다는 것이다. 모든 김치 재료는 최고로 좋은 재료이어야 한다. 배추나 무는 물론 고춧가루도 최상품을 쓰고 새우젓도 가장 비싼 육젓으로 보통 1kg에 6~7만 원 하는 것을 쓰고, 멸치액젓이나 까나리액

젓은 꼭 끓이거나 비싼 참치액을 사용해야 한다. 배추를 절이는 데도 천일염 중 갯벌염을 사용하며 설탕이나 감미당을 쓰지 말고 꿀이나 곶감을 갈아 사용한다. 또 3년 이상 묵은 매실액을 사용하며 밀가루 풀이나 찹쌀풀보다는 찹쌀밥을 갈아서 사용한다. 담는 그릇도 플라스틱 통보다는 개량 항아리나 유리그릇을 사용하는 것이 좋은 맛을 내는 데 일조하였다. 달인들이 만든 여러 종류의 김치를 시식하였지만, 환상의 맛이 나는 김치를 찾지 못하였고 올해는 그래도 지금까지 만든 김치가 아내가 맛있다는 평을 하기에 이르렀으므로 그동안의 여러 실패를 거울삼아 가장 맛있는 여러 종류의 김치 담그기에 도전하려 한다.

징크스

　나에게는 오른쪽 입 옆에 큰 점이 있다. 어렸을 적에는 아주 작았는데 면도기로 면도하다 베여서 점점 커지더니 지금은 아주 커졌다. 사람들이 보고 "왜 입술이 부르텄냐?"라고 묻거나 "피곤하신가 봐요. 입술이 부르텄네." 하면 나는 곧 바로 복점이라고 말한다. 하지만 지금까지 전기면도기를 쓰지 않고 일반 면도기를 사용하는데, 면도를 하다 그 점을 베어 피가 나면 꼭 무슨 일이 일어나거나 다치거나 하는 일을 겪었다. 매일 아침에 면도를 하다 가끔 베이는데 특히 시합이 있을 때나 초대받거나 이런 때는 세심히 점 주위를 면도한다. 그러다 잘못해서 베여 피가 나면 경기에 나가서 한 번도 1등을 한 일이 없고, 외출했다가도 넘어지거나 손재수를 당했으며, 그릇이 깨지거나 좋지 않은 소식이 들렸다. 그래서 요즈음은 아주 다치지 않도록 세심히 주의를 하지만 지금도 가끔 베이는 때가 있어 징크스는 해결이 되지 않고 있다.

쓸데없는 걱정

오늘 아침에도 운동하러 나갔는데 개를 데리고 산책 나온 사람들이 많았다.

그 사람들을 피해서 한쪽으로 다니는데도 유독 나만 보면 개들이 짖어 댔다. 결국 주인한데 짖는 개 데리고 다니지 말라고 한마디 했다. 염소는 어렸을 때 몇 번 받힌 일이 있어 유독 싫어하는데 개도 마찬가지다. 사나운 개한테 몇 번 물린 일이 있었다. 서울에서 신문을 돌릴 때 개 있는 집은 정말 가기 싫었는데 어쩔 수 없이 배달해야 되기 때문에 물린 일이 종종 있었고, 어렸을 때 집에서 기르는 개한테도 물린 일이 있어 지금도 개만 보면 유독 물릴까 마음을 졸였다. 또 그 개들은 내가 싫어하는 걸 아는지 나만 보면 짖는데 대책이 없다. 지금도 개만 지나가면 물지 않을까 걱정이 앞선다.

집착도 병?!

나는 여러 가지를 수집하는데 그중 괴목을 수집하는 취미가 있다. 산에 가서 나무뿌리나 썩은 나뭇등걸을 보면 그걸 가지고 온다. 다른 사람의 집에 가서 나무 작품이 있으면 그걸 달라고 하거나 요즘같이 산판이나 벌목하는 장소를 찾아서 베어 놓은 나무에서 좋은 소재의 작품이 발견되면 어떻게든 손에 넣었다. 집에 가지고 와서 큰 수통에 넣고 삶아 껍질을 벗긴 다음 건조시켜서 니스 칠을 하여 보관하는데 그 준비라든가 삶는 냄새, 껍질 버리기 등 난관이 한두 개가 아니다. 아내는 도대체 예술도 아니고 나무를 모아서 뭘 하느냐고 다 태워 없애 버리라고 성화다. 그래도 나는 40년이 넘게 나무에 집착하며 1,000여 개가 넘는 나무 작품을 모으고 있다.

예절 지키기

　수영장에서의 일이다. 나는 그때 수영에 빠져들어 매일 수영장에 다녔는데 실내 수영장은 원칙적으로 비키니를 입으면 안 된다는 규칙이 있다. 내가 다닌 수영장에 몸매가 괜찮은 여자가 있었는데 처음에 비키니를 입고 와서 수영 안전 요원과 몇 번 다투었다. 그 후에 비키니를 입지 않았지만 실내용 수영복을 입고 와서는 수영장을 한 바퀴 돈 후에 큰 소리로 구령을 붙여 가며 체조를 10분쯤 하는 것이다. 수영하는 사람들의 시선을 받고는 수영은 하지 않고 가는 날이 많았다. 남자들의 시선은 받았지만 여자들한테는 공공의 적이 되어 나중에는 안전 요원과 매일 승강이하여 수영하는 사람들에게 불편을 주는 일이 많았다.

　5시면 나가서 새벽 운동을 하는데 그 시간이면 어둠이 채 가시지 않아 컴컴하다. 내가 사는 곳은 산책로와 차가 다니지 않는 길과 운동장이 있어 새벽이든 밤중이든 사람들이 산책과 운동을 시간에 관계없이 하러 다녔다. 특히 새벽에 반려견을 데리고 나오는 사람들이 많은데 그들은 하나같이 비닐봉투나 목줄을 하지 않고 다니는 경우가 종종 있었다. 일찍 반려견을 데리고 나오는 사람들 중 절반은 잔디밭에 변을 누이기 위해 나오는 사람들이었고 나머지도 목줄을 하지 않고 다니는데 그중 어느 아주머니와 나는 만날 때마다 다투기 일쑤다. 그 아주머니는 개 두 마리를 데리고 다니는데 그 개들이 그냥 돌아다닌다. 처음에는 저 개 누구 개냐고 물었더니 자기 개가 아니라고 했다. 주인 없는 개인가 보다 하고 잡으려고 했더니 무섭게 짖어서 잡지 못했다. 그다음에 다시 그 개들이 아주머니를 따라다녀서 또 내가 목줄을 하라고 했더니 이웃집 개라고 한다. 이웃집 개를 왜 데리고 다니냐고 했더니 옆집 친구가 아파서 그런다고 했으나 몇 개월이 가도 그 개들을 데리고 다녔다. 다시 목줄을 하라고 했더니 그냥 다니다가 내가 마주칠 때는 목줄을 하는 것이었다. 요즘도 그 아주머니와는 비닐 주머니와 목줄을 하라고 실랑이를 하고 있다.

물건 살까 말까

철인 경기에서는 자전거의 좋고 나쁨이 기록에 많은 영향을 미친다. 가벼운 자전거가 속도가 빠르고 힘도 덜 들어 선호하는 경향인데, 철인에 중독된 사람들은 계속 가장 좋은 자전거로 교체하며, 남이 사면 따라서 사는 사람들이 많았다. 4년 전 대회에 나가면 내 자전거가 가장 오래되고 낡은 자전거라 사람들이 "지금도 이걸 타세요?"라고 했다. 그래도 이 자전거로 입상을 하기에 마음을 굳게 먹었으나 우승권자들이 너무 최상급의 자전거를 사기에 나도 망설이다 결국 가장 좋은 자전거로 무턱대고 사 버렸다. 그런데 며칠 타 보니 나에게는 도무지 맞지 않는 자전거였다. 잘 생각하지도 않고 무턱대고 샀기에 자전거 숍에 가서 말했더니 몇 번 타서 이젠 중고라 환불해 줄 수 없고 가격이 낮은 자전거로 교환해 준다고 하여 몇 백을 손해 보면서 다른 자전거로 교체했다. 물건을 살 때는 무턱대고 살 일이 아니라 철저하게 따져 보고 사야 한다는 교훈을 철저히 배웠다.

매력적인 나의 외모!

　수영장에 22년째 다니고 있는데 수영 타임마다 만나는 분들이 고정으로 있어 서로 친하게 지내고 있다. 새로운 분들은 몇 번 만나면 인사하고 서로 몸도 칭찬하고 그러는데 나이 70대 또래에서는 나의 몸매에 감탄을 하며 칭찬을 한다. 그래도 어떤 때는 젊은이들 중에 헬스를 해서 빼어난 몸매를 자랑하는 사람들이 있고 요즘은 문신을 하고 나타나는 사람들도 많아졌는데 수영장에 오는 사람들 중 대다수는 올챙이배를 가지고 있거나 배가 나와 벗은 외모는 처참하기 그지없었다. 그들 가운데 어느 날 몸에 문신을 잔뜩 하고 우람한 체격의 젊은이 둘과 같이 옆에서 옷을 벗게 되었는데 다 벗고 나자 젊은이 중 한 사람이 "자랑합니까? 예?" 하고 눈을 부라리며 나를 쳐다보는 것이었다. 나는 무슨 영문인지를 몰라 "뭐요?" 하며 이상하다는 표정을 했더니 "아니 왜 아래옷부터 벗느냐 이거예요." 하며 시비를 거는 것이다. 그제야 내가 옷 벗은 것을 보고 그러는 걸 깨닫고 "전 옛날부터 양말과 바지부터 벗고 상의를 벗습니다."라고 했더니 "그게 몸매 자랑하려거나 뭔가 의도가 있는 거잖아요."라고 하는 것이다. 아니, 아무 의도도 없고 더구나 보이려는 건 아니라고 했더니 "아저씨, 보세요. 모든 사람들이 옷을 벗을 때 웃옷부터 벗고 아래 하의를 벗는데 아저씨는 우리 옆에서 왜 하의부터 벗고 웃옷을 벗느냐 거예요."라고 한다. 내가 "남이야 옷을 어떻게 벗건 시비를 할 건 아닌데요."라고 했더니 두 젊은이가 인상을 험악하게 쓰며 항의 아닌 항의를 하길래 결국은 우리 집 유전 이야기를 꺼냈다. "내 동생은 10살이 되도록 아래옷을 안 입고 다녔으며 나도 저녁에는 아래옷을 안 입고 자고 있네요. 나도 모르게 아래옷을 벗고 자는데 수영장에 와서도 나도 모르게 아래옷부터 벗는 습관이 있어 그런 거지 누구 보라고 그런 건 아니에요." 하며 험악해지려는 찰나 여러 사람들이 와서 다툴 일이 아니라며 젊은이들이 상관할 일이 아니라고 하면서 끝났는데 나중에 생각하니 젊은이들이 시비를 건 이유가 있었다. 몸이 뚱뚱하면 거기에 비례해 물건이 너무 작게 보이니 내가 옆에서 일부러 아래옷부터 벗은 것으로 알아 자기들과 비교해 너무 작은 자기들 물건을 일부러 보이게 하는 것으로 착각해 시비를 건 것이었다. 그 뒤부터는 되도록 웃옷부터 벗으려 노력하고 있지만 잘 안 되고 있다.

싫어하는 한 가지!

내가 제일 싫어하는 것은 술이다. 첫째, 술이 몸에 받지 않고 알코올 분해 요소가 적어 술을 먹으면 옷에 가려진 부분만 빼고 온몸이 가렵고 붉은 반점이 나타났다. 몹시 괴로우며 구토가 나오고 갑자기 정신 줄을 놓고 쓰러지기 일쑤이다. 그다음 날 기운이 너무 없어 아무 일도 할 수 없을 뿐 아니라 억지로 술을 먹고 실수를 너무 많이 해서 지금은 술을 절대 먹지 않는다. 술을 주는 사람을 나는 대놓고 "독약을 주는구먼." 하고 미워하며 먹지 않는다. 또 술 때문에 많은 실수를 해서 나를 아는 사람은 절대 술을 권하지 않는데 몇 번의 실수가 술을 싫어하는 계기가 된 것이다. 그 40여 년 전 중학교 동창 모임이 있었는데 그날은 내가 계금을 타는 날이었다. 그런데 술을 먹고 화투를 하여 계금(쌀 5가마)을 몽땅 잃어버렸다. 학생들을 인솔하여 소풍을 갔는데 술에 취하여 학생과 같이 넘어져 학생을 다치게 한 일도 있었다. 그리고 초상집에 갔다 술에 너무 취하여 집을 찾지 못하고 동네 사람들이 밤중에 찾으러 온 일도 있었다. 술을 먹고 자전거로 퇴근하다 개울에 머리가 깨진 일도 있었으며, 술 때문에 다른 사람과 감 놔라 배 놔라 시비 붙은 일도 많았다. 지금도 차례나 제사를 지내면 음복으로도 술을 입에 대지 않는다.

나만의 스트레스 해소법

나는 스트레스가 쌓이거나 마음이 안 좋을 때는 차를 가지고 나가 드라이브를 하면서 시디 음악을 가장 크게 틀고 돌아다닌다. 몇 번 그렇게 했는데 어떤 때는 귀가 가렵고 귓속이 앵앵거려 아내는 절대 음악 소리를 크게 틀지 말라고 하는데 나는 자동차 드라이브와 가장 큰 음악이 스트레스를 확 날려 버려 지금도 스트레스 해소로 자주 하고 있다.

절약만이 살길

　우리 집에서도 나는 구두쇠의 대명사로 정평이 나 있다. 그중 대표적인 예가 여름에 아무리 더워도 에어컨을 켜지 않는 것이고, 화장실 휴지도 두 칸 이상을 써 본 일이 없으며 옷도 대회에 나가 무료로 준 옷만 입는다. 그리고 되도록 외식은 하지 않고 내가 직접 요리해서 음식을 먹는 편이다. 그런데 지금도 아내와 가장 전쟁 아닌 전쟁을 벌이고 있는 것이 청소이다. 전기료가 많이 나오는 것을 방지하기 위해 나는 결혼 후 40년 넘게 내가 청소를 담당하는데, 청소기를 잘 쓰지 않고 할아버지께서 50년 전에 만들어 주신 빗자루를 쓰고 있다. 그 빗자루가 완전히 해져서 도무지 쓰지 못할 때만 버리는데 지금 쓰는 빗자루도 몽땅 해져서 아내가 몇 번을 남 보이기 창피하다고 버렸지만 찾아다가 지금도 쓰고 있다. 내가 생각해도 이건 빗자루가 아니지만 그래도 매일 그 빗자루를 쓰고 있다. 청소도 잘되고 청소기같이 먼지가 뒤로 나오지 않으며 깨끗이 잘 쓸린다. 결혼한 지 42년 동안 할아버지가 만들어 주신 빗자루가 7개였는데 벌써 3개를 소모하고 지금 새 빗자루가 3개 남아 있으며 아주 몽당빗자루가 1개 남아 있으나 아마 아내가 곧 버릴 것 같다.

소비의 기술

나는 대한적십자에 17년째 한 달에 1만 원씩 기부하고 있고, 신노인문화를 이끌어 가는 경기 실버 포럼에 1년에 100만 원씩 기부하고 있으며, 굿네이버스 전문 위원으로 결연 아동에게 학용품이나 생활용품을 보내 주고 있다. 그리고 안양시 철인 3종 협회에 운영비로 1년에 100만 원 기부하여 체육 발전에 이바지하고 있다.

50년 전의 나에게

 종섭아, 스무 살에 선생님이 되었으니 얼마나 기뻤니?
 온 동네의 자랑이었고 집안의 경사였겠지?
 어렵게 선생님이 되었으면 훌륭한 선생님이 되어야지, 왜 그렇게 욕심을 부리면서 공부만 일등 하라고 다그치고, 매일 시험을 보아 학생들 스트레스 주고, 깜지 숙제와 공부 못하는 학생들 깜깜할 때까지 나머지공부 시키면서 그 학생들이 얼마나 힘들었겠니?
 조금만 실수해도, 청소를 잘못해도, 지각해도 심하게 야단치고 벌주면서 얼마나 그 어린 학생들이 마음에 상처를 받았겠니?
 70년대 가난한 농촌 시골 학교에서 어버이같이, 형같이 그 어린 학생들을 보살펴 줘도 모자랄 판에, 오직 공부 잘해야 한다, 1등만이 살길이다, 대회 나가면 등수 안에 들어야 한다며 강조하고. 더 잘못한 일은 공부 못하는 학생들을 차별하고 무시한 일이야.
 공부가 인생의 다는 아닌데 오직 공부 공부 하던 네가 선생은 되었지만 진정한 스승의 길은 걷지 못했지.
 가르치는 것만 알고 배우는 것을 도와주는 길을 하지 못했으니 그냥 교사였어!

　50년 전 물불 안 가리고 망둥이같이 하늘 높은 줄 모르며 철없는 선생 노릇을 한 너의 참회가 있기를 바란다.

딱 하루

　살날이 딱 하루가 남았다면 부모님 잠들어 있는 산소에 가서 온종일 죽을 때까지 울고 싶다.

　내가 지금 행복하게 사는 것은 다 조상님들 덕분인데 특히 할아버지는 나를 어려서 먹여 살리다시피 하신 분이고 아버지 어머니는 먹지도 입지도 못하시고 고생하시며 우리 육 남매를 키워 주셨는데 살아생전에 효도를 못 하고 말썽을 너무 부리며 불효를 하였다. 어머니가 6년 동안 아버지가 8년 동안 병원에 계셨는데 둘 다 직장에 다닌다는 핑계로 겨우 남의 자식같이 가끔 병문안이나 가고 어머니 임종도 못 지켰다. 아버지는 효도 상을 두 번이나 부모님 잘 모셔서 탔는데 나는 그의 백 분의 일도 못 했으니 하루라도 울면서 사죄하고 싶다.

황금 인생

　감사합니다. 저를 태어나게 하신 부모님을 비롯하여 조상님들 또 내 가족 나의 형제자매들, 나를 거쳐 간 수많은 제자와 학부모님들, 동료 선생님들, 친구들, 나를 알고 계신 모든 분들 저는 원 없이 하고 싶은 일 마음껏 하며 잘 살았습니다. 박씨 종가의 장손으로 온 친척들로부터 무한한 사랑을 받았고, 초등학교 6년 동안 선생님들 사랑을 받아 우등상과 전교 5위권 안에 들었고, 중학교는 장학생으로 입학하여 좋은 친구들을 만나 우정을 많이 맺고, 고등학교는 혼자 서울 와서 다니며 수많은 경험, 신문 배달, 극장 영사기 보조, 엑스트라, 테이프, 양말 장사를 했습니다. 졸업 후 교대에 들어가 총무국장으로 활동한 후 43년간 초등학교 교사, 교감, 교장을 거쳐 퇴직하였으며, 45번의 표창을 받아 자타공인 훌륭한 교사로 인정을 받았습니다. 교직에 있으면서 수영, 마라톤, 철인, 자전거 대회에 나가 200회 이상 상을 받았으며 부단한 노력으로 자격증만 30가지가 넘게 취득하였고 각종 연수도 2,000시간이 넘게 받았습니다. 가정에서도 15년째 주말농장을 경영해 김치도 담그고, 고추 농사도 지었습니다. 또 전국 산을 모두 다니고 우리나라 구석구석 안 다닌 곳이 없으며, 현재는 서너 곳의 봉사 단체에 들어가 봉사를 하고 있습니다. 제가 이렇게 행복하게 살아온 것이 바로 모든 분의 도움이라 생각하고 그 은혜를 갚고자 열심히 노력하고 있습니다.